自 / 然 / 教 / 育 / 译 / 丛

如何让儿童在自然中学习

Nature Sparks: Connecting Children's Learning to the Natural World

[美] 艾瑞尔·克罗斯（Aerial Cross）◎著

柯星如　等◎译

教育科学出版社

·北 京·

题　　献

献给我的姐姐萨拉

曾经对你重要的东西，现在对我依然重要。

致　　谢

谢谢法拉赫、贝拉——你们让我惊奇不断！

谢谢我的学生们——你们给我教益！

谢谢艾琳、肖恩——你们向我展示了闺蜜的力量！

前言

如果希望儿童茁壮成长，真正地自主自立，我们就该让他们热爱地球。

——大卫·索贝尔（David Sobel）

与漂亮的美洲印第安女孩卢卡共处一段时间后，撰写本书的念头就萦绕在我的心头。我与卢卡的缘分，来自一位合作多年的教育工作者（同时也是我的一位密友）的一通电话。卢卡在学校遇到了困难，她的老师担心她可能存在言语发展滞后和学习障碍。我同意对这个女孩进行家庭访问，并提供第三方观点。

我辗转前往卢卡在新墨西哥州印第安人保留地的家，一路上贫瘠的土地无边无际。我最终到达了那座房子，看到那个小女孩站在老旧的福特牌皮卡的引擎盖旁边。

我走出汽车，向她的父母问好，随后便听到（印第安语）"卢卡，从热坑里出来！"。当卢卡从福特引擎盖下面冲出来时，我发现它盖着地面上的一个大洞。于是我向她走去。她正在全神贯注地玩着土、灰和水——颇有技巧地捧着这堆混合物，以免落到自己的鹿皮鞋和手里啃了一半的玉米棒上。

"你知道绵羊很笨吗？"她马上问我。

"它们确实不大聪明。"我咯咯笑了，在她对面蹲下来，欣赏着她那张满是污痕的小花脸。

"绵羊①总是迷路。我和爸爸总得去找它们。（Me's and my daddy has to always goes finds them.）"她说完就跑到房子后面去了。我跟了过去，发现了一片自然而神奇的游戏场地。卢卡和我沉浸在一系列自然游戏中，一起玩了好几个小时。我俩轮流把干玉米芯用力投到堆肥箱里，期间卢卡跟我解释她爸爸是怎样防止堆肥箱变"臭（smellies）"的。卢卡指出地上小猫和小狗的脚印，详细说明它们跟"绵羊（sheeps）"的脚印有哪些不同。我们从她家大大的园子里摘来玉米，在篝火中放了几穗。她和我分享了玉米须的好几种用法。我们爬上羊圈四周那些巨大的干草堆，再从上面跳下来。我们用耙子把风滚草卷在一起。卢卡和我把土坷垃、小石子扔到她家垃圾桶的铁皮盖上。她告诉我，它们发出的声音是不同的："石头的声音是乒（ping），土块的声音是嘭（plop）。"在一个老旧的铸铁平底锅里，我们把土、树叶和水混合在一起，"烹饪"出一大锅丰盛的泥巴"炖羊肉"和"炸面包"。

卢卡的父母说纳瓦霍语，也鼓励她说好这门语言。与学校所教的英语不同，她的家里主要说母语。卢卡对于理解和记住英语单词有着强烈的欲望，总是在问"这个怎么说？（How does you says this?）"。我注意到她无法表达自己想法时的那种沮丧。她会攥紧并挥舞自己的小拳头，然后一边喘着粗气嘟囔，一边用脚用力搓着地板，一边低声嘟囔。她的情绪也变得暴躁，直到她找到自己想用的词汇。

尽管卢卡的英语交流能力较弱，她却从未停止说话或提问。对话的情境也是有意义的。而且，她的许多基本学习能力——观察和分类、预测、实验、解释——都很强。我们一起玩的时候，卢卡很自然地展示出独立而迅速地解决问题的能力。她完全是在大自然的激发下，创造出了充满活力、趣味盎然的游戏。

访问结束后，我向她的老师和父母提出了如下几点建议。

● 卢卡热爱大自然和各种动物，户外的一切事物都能激发她的兴趣。她的父母表示，大多数的日子里，吃晚饭时她都是被硬

---

① 原文为 sheeps，而英语中 sheep 的复数仍为 sheep，所以是卢卡犯了语法错误。以下只在括号中注明出现语法错误的英文原文，不再赘述。——译者注

拽回来的，不情不愿、满身泥土。对此我并不觉得意外。我建议他们在家务劳动和校外活动中，尽可能多地让孩子和户外接触，孩子能在开放式探索中获得最佳的学习效果。

● 卢卡会综合运用英语和她的母语来表达自己的感受和想法。我请他们仔细观察卢卡的肢体语言，特别是攻击行为发生之前的那些，据此判断她可能想要表达什么。双眼直视卢卡，请她重复一遍自己说的话，同时根据她的手势和表情去理解她的意思。

● 对卢卡来说，最好的方式是父母和教师通力合作来改善她的英语技能，同时继续发展她的母语。她的父母看重读写能力，希望卢卡能流利地使用双语。尽管存在文化和语言的差异，他们也看到了双语能力的意义——它将来会成为卢卡强大的工具。我看重指出，如果把卢卡和她热爱的大自然联系起来，她掌握一门新语言的欲望会大大增强。我鼓励她的老师在课堂上请卢卡用英语和她的母语向全班介绍自己玩自然游戏的故事，这样做能促进她语言能力的发展，而且卢卡的双语能力对她的同学也是一份礼物。我建议，给教室和家里的物品贴上英语和纳瓦霍语的标签，并附上与自然相关的图片，以此激发卢卡的兴趣。标签应该是在浅色背景上书写的大号印刷体字母（白底黑字）（Watson & McCathren，2009）。

图 I.1

请看图 I.1 这个样例，以便更好地理解我们为卢卡准备了什么。

卢卡目前在学校表现良好。我的猜想得到了证实——她并不存在发展滞后的问题。现在，她是一个常规班里的活跃分子。所幸，她的父母当初欣然接受了我的建议。如今，卢卡的词汇量猛增，她的英语和纳瓦霍语都近乎流利。

撰写本书的初衷

保持儿童和自然界的联系，一直是早期发育与发展的重要方面。不幸的是，今天的儿童花在自然上的时间越来越少（Rosenow，2008）。有研究表明，经常接触大自然对儿童有极大的益处，对儿童来说，接触自然就像适宜的睡眠和营养那样不可或缺。户外游戏空间和缓解注意缺损多动障碍（attention deficit hyperactivity disorder, ADHD）等许多行为与情感障碍之间，存在着很强的正相关（Rosenow，2008）。教育工作者面临着一个挑战：儿童正在逐渐远离大自然，这给他们的身体、情绪和心理健康都带来了负面影响。这一点实在令人沮丧。

我撰写本书，是为了用一种简单直接的方式，使教育工作者意识到大自然对儿童发育与发展的重要作用。提供早期的户外经验是培养儿童关爱环境最重要的方式（Wilson，1997）。户外经验也能促进他们个人健康的发展。每位家长和教育工作者都应该确立"和儿童分享和培育自然之奇迹"这一目标，尤其是在这个物质至上和技术驱动愈演愈烈的世界里。自然给儿童的生命带来的益处是巨大的：

● 儿童经常接触自然环境——比如，清新的空气、明媚的阳光、开阔的草地——自我感受会更好，而且能更好地应对压力、焦虑和抑郁。研究同样表明"和大自然接触越多，受益越多"（Keeler，2008）。

● 患有注意缺损障碍（attention deficit disorder, ADD）的儿

童，身处自然环境时症状会得以缓解。同样，"环境中的绿色越多，症状减轻得越多"（Keeler，2008）。大自然的绿色散发着平和而宁静的气息。在户外时，儿童更有可能观察细节，专注地思考并产生富有创意的想法。

● 与其他儿童相比，经常在户外游戏的儿童大肌肉运动能力更强，整体健康状况更好（Keeler，2008）。要想进一步了解自然化的户外环境、游戏园地和游乐场的设计如何促进儿童的身体发展，可访问网页 www.whitehutchinson.com/children/playgroundexp.shtml，了解其他学校出色的环境设置，比如，印第安纳州的儿童花园是怎样促进和支持儿童身体健康发展的。

● 儿童走进自然世界时，他们的创造性和想象力会得到提高，合作游戏的能力和沟通技巧也将有显著提高（Keeler，2008）。

● 与有着四面墙的教室相比，户外是更强大、更有效的学习与发展环境（Keeler，2008）。

● 大自然能激发儿童参与人际互动（Keeler，2008）。儿童参与自然活动时，比如，在树林和灌木丛中玩捉迷藏或用泥巴做馅饼，他们常常要协商和妥协："把这棵树当作基地，好吗？""我们在馅饼上撒点沙子吧。"

我希望，你在阅读本书时，能从那些在儿童的生命中联系自然、找回自然的想法和活动中受到启发，从而不仅增进他们的学业经验，同时也促进他们的健康、发育与发展——无论其个人学习风格、文化、经济状况或环境条件如何。

为什么要激发儿童对大自然的热爱

从哪里开始呢？仅举几例：发现、探索、动手操作的经验、观察、欣赏和游戏。大自然直接而正面地弥补了儿童学习过程与幸福感的缺失。传统而常规的课堂学习大多指向言语和逻辑 / 数学智能。大自然适合所有儿童的学习风格，它自然且积极地扩展了儿童学习的领域和过程，同时也可能产生更广的理解和更深的洞察。教室根本无法复制自然环境能带来的直接观察和学习的多种可能，仅仅清新的空气和明媚的阳光就是无可比拟的。在大自然中，真是处处皆"学校"！

让儿童体验自然并激发他们的兴趣，会让他们终身受益。为什么激发儿童对大自然的热爱至关重要？下面是几个理由。

1. 通过亲自动手的观察和体验，大自然能强化儿童的学习风格。

当信息以动手操作的方式呈现时，儿童更容易理解。这种方法提供了真正的活的课程与机会（Tu，2006）。例如，收集野花和叶子并在剪贴簿里制作印画，研究它们各自的图案与斑纹。在大自然中，儿童内在的智能会遇到挑战。户外的环境使得儿童能密集地观察、沟通和评价各种发现，这些都能提高阅读、数学和科学能力（Keeler，2008）。

2. 大自然能完善课程。

福禄贝尔是幼儿教育工作者和幼儿园之父，他把大自然当作完善其课程的关键课程要素（Rettig，2005）。当教师整合自然与课程时，儿童会受到认知挑战，课堂教学的发展性也能毫不费力地得到增强（Tu，2006）。"怀疑，提出问题，探索和调查，讨论，反思，形成想法和理论"等重要的科学技能，在大自然中都能得到提高（Chalufour & Worth，2003）。仅仅是走到户外，儿童就能观察天气的模式，比较各种物质，对样本、土质进行分类，仔细观察各种昆虫——实际上，这就是学习！大自然自身就是课程。

3. 大自然将儿童与抽象概念联系起来，帮助教师开展教学。

不幸的是，课堂中的抽象概念往往是没有意义的词语。对教师来说，大自然能给抽象的课堂概念赋予意义。里德夫人（Mrs. Reed）的一年级学生在教室里研究土、沙、泥之间的异同。如果她的学生去附近的公园探险，收集每种物质的多个样品，然后进行检测、绘制图表，讨论结果，他们就能更多地了解它们的异同。如果只是通过读书了解它们的质地，那么大自然的三种基本要素就只会是稀松平常的土、沙和泥。运用自然活动来再现课堂所学的内容，可以使儿童更好地理解和掌握抽象的概念。

4. 大自然能促使儿童的身体、心理和情绪更加健康。

大自然不仅会引发和促进游戏与学习，还从多个方面有益于儿童的整体健康。它使儿童在不知不觉间，在环境中锻炼健康的社会—情绪、语言、身体和认知挑战。每当儿童爬上一棵树，跳过一道栅栏，滚下一座山坡，他们的身体、心理和精神都得到了锻炼。大自然能帮助儿童放松身心，解决问题，释放积蓄的紧张和能量，使头脑变得清醒，形成对事物的正确认识，解决内心的矛盾。留出户外自由游戏的时间，是促进儿童身体、情绪、认知和社会性发展的极好途径。而且，有证据显示，大自然还能促进儿童的心理健康（National Environmental Education Foundation, 2011）。

5. 大自然为儿童提供了发展对周围世界的鉴赏力与敏感性的机会。

获得各种东西，提升考试成绩，进入预备课程——这些似乎是许多儿童生活中的焦点，而学会欣赏自然世界的美丽与重要则往往被放在无关紧要的位置上。请和你的学生花时间欣赏大自然中那些美好的细节吧，这是无价的礼物！当大自然被当作教学工具时，它能帮助儿童理解他们的环境及其存在的真实问题，例如，环境污染和能源短缺。开展动手操作的课堂活动，例如，废物回收、堆肥、鼓励绿色消费、种植树木和花卉、严格执行不乱丢垃圾，是展示大自然价值的有益尝试，也是对保护自然世界及其环境的承诺。

我的孩子已经是博物学家了吗

就像卢卡那样，小博物学家喜欢大自然，热爱户外。但是，相比于教室，大部分儿童不都是更喜欢在户外吗？以下是小博物学家的十个常见特征。

1. 对于户外的游戏、发现和探索怀有持续的渴望。

2. 表现出很强的视觉、听觉、嗅觉、味觉和触觉的感知能力。

3. 对细节很敏感，尤其是大自然中的各种模式图案，例如，叶子、龟壳或树干上的图案。

4. 非常喜欢小动物。

5. 喜欢在大自然中收集各种物品。

6. 在户外时更平和。户外、室内的行为和态度有明显差异。

7. 很容易理解外部世界。露营和远足等活动对他来说很自然。

8. 在大自然中表现得无所畏惧。这可能包括，不害怕各种小虫子、蜗牛、蜂巢或大自然中其他有趣的事物。对爬高、长距离追踪或蹚过难闻而混浊的泥淖去寻找令人惊奇的招潮蟹，都不会感到胆怯。

9. 喜欢观看有关大自然和动物的视频、阅读相关图书。

10. 喜欢使用和操作各种自然元素，例如泥、沙、植物的汁液、苔藓。

你在思考这个清单时，请记住，无论儿童是不是"自然地"与大自然合拍，把他和大自然连接起来都会对他的整体发育与发展大有益处。

还可以考虑这些问题：

● 这个儿童热衷于户外观察吗？这可能包括观察天空——密切观察云的形状和运动，或注视鸟的飞行。

● 这个儿童喜欢使用科学器材——例如，望远镜、显微镜、双筒望远镜——玩游戏和观察自然吗？

● 这个儿童善于或喜欢对各种植物和动物进行分类吗？

● 这个儿童关注或喜欢回收利用或其他环境问题吗？

● 这个儿童喜欢研究和阅读自然发现类的内容吗？

● 这个儿童对待生物、环境、自然物感性而富有同情心吗？

怎样充分利用本书

本书充满了将你和你的学生与大自然联系起来的各种活动、想法和小窍门，而且每章都提供了有用的策略和资源来激发儿童内心对大自然的热爱。一旦知道了每个儿童理解和记住信息的最佳方式，把他和自然世界联系起来就会变得容易得多——你就会希望知道这名儿童与自然世界的联系如何，以及他对户外的兴趣是热烈的（"让我们一探究竟吧"）还是冷淡的（"真恶心！我不要碰那个！"）。

此外，本书还呈现了大量创造性的、感官整合的边栏建议，即温馨提示，其中可能会推荐相关的增强某一概念的故事书、优秀活动的清单、手工创意或关于某个特定主题的简单的微课。任何事物，只要能在学业或感官方面引发向大自然的延伸，都可能会呈现为温馨提示。以下是温馨提示的一个样例：

温馨提示

和儿童在户外时，应考虑他们注意力的持续时间。要把活动拆分成便于控制的时间块。根据儿童的年龄，对其注意持续时间设定期望值——例如，5 岁儿童设定为 5 分钟。这只是参考，如果自然环境更加有趣，时长会有所变化。

无论你是否认为自己能完全胜任在户外开展教学，你在学生心中点燃的对大自然的热爱会影响他们的一生。本书能基于学生的兴趣促进家长的参与，因此，可以在给家长的通知中分享活动的进展。当热情在户外飞扬时，请记住你的最终目标：在不断变化的世界中，让儿童有能力理解、连接、观察大自然的力量与美丽，哪怕他们并非一开始就天然地对大自然充满热爱。

出发吧

本书侧重于某些特定课程领域的自然活动，例如语言和读写、科学、艺术及多感官游戏。成人应确保活动适合儿童的智力、兴趣和理解水平，这样才能让所有儿童都参与学习。将自然用于教和学时，你很快就会发现，儿童做事会更聪明而非更努力，他们完成任务的时间也更短。更加自然取向的课堂和课程能促进儿童的发展，这在很大程度上是因为把他们的好奇和探索作为催化剂。

在全书中，我经常提到让学生在自然日志中书写、反思、粘贴、画图。你会发现，自然日志会成为一种重要的学习工具，自然单词墙也是如此。如有可能，可以在教室里创设一面自然单词墙，或使用一个独立的笔记本，用于记录新发现的自然单词并在旁边画上图画。给幼儿提供诸如表层土壤（topsoil）或侵蚀（erosion）等有挑战性的词汇，能使他们发展出更丰富的词汇。不要对提供正确的术语心存疑虑；儿童并不知道这些词是"大"而难的，除非你把它们描述成那样。

我希望本书能支持和引导你的课程计划走近自然，并且丰富那些年幼的心灵——不论他们是不是崭露头角的博物学家。现在，拿上你的自然日志，准备开始探索吧。要激发你对大自然的热爱——这是让儿童热爱自然的第一步。出发吧！

目录

第四章 感觉统合的自然活动 85

第一章

让所有儿童亲近自然

为什么有些儿童会充满热情地尝试新事物，自信地与同伴和成人交往，而另一些儿童在许多场合看起来对自己缺乏信心？……我们从研究中能够学到什么，以帮助儿童自信地应对新的情境？

——马歇尔（H. H. Marshall）

户外不应仅仅被看作供儿童发泄精力的场所，而应被视为课堂的延伸——另一个同等重要的发展社会性、情感、认知和身体技能的场所（Odoy & Foster，1997）。用创造性的、动手操作的、基于自然的幼儿教育，涉及的准备、思考和概念规划远远超出了"ABC"和"123"。在自然环境中对幼儿进行自然环境教育，是富有挑战且很有意义的，能培养他们的好奇心——这是有效学习最关键的要素之一。蕾切尔·卡森（Rachel Carson，1956）在她的《培养儿童的好奇心》（*The Sense of Wonder*）一书中对此做了很好的描述："知道的重要性不及感受的一半……儿童早期是准备土壤的时间。"

然而，并非所有儿童都渴望研究自然环境。有的儿童不敢把自己的手或衣服弄脏，有些精力旺盛的儿童宁愿摆弄电动玩具而不是去爬树。尽管多年的教育工作经验让我相信大部分儿童喜欢户外，但是对有些儿童来说，"快过来！看看这只很酷的虫子！"只是一堆乱七八糟、毫无意义的词语——他们就是不感兴趣。不管这是因为他们自己对自然缺乏兴趣，城市学校环境令人压抑，还是家庭生活不鼓励接触户外，其实让所有儿童亲近自然是可以做到的。一天当中几乎总会有一个时刻，你可以和儿童一起以微妙而有意义的方式来探索自然世界，即便只是"吸引小家伙们到窗边观察毛毛细雨、倾盆大雨或雪花精美的外形"（Honig，2004）。大自然中处处都是很棒的教育契机，要回避它们几乎是不可能的。作为教育工作者和儿童保育专业人员，我们需要充分利用和培育这样的学习机会。

要记住，激发儿童内心对自然的热爱并不意味着强行改变——这种策略很可能不会奏效，还会适得其反，导致儿童退缩回避。留意大自然中那些罕见的、不可预测的和不寻常的东西，让儿童和它们建立联系——这些才是能引发儿童兴趣的东西（Talbot & Frost，1989）。

还要记住的是，那些在儿童早期就形成了尊重和关爱自然的情感的孩子，长大后也会欣赏这个自然世界。要在他们的心灵深处努力播下欣赏自然、关注自然、敬畏自然的种子，要做到这一点，不仅要靠自然活动和教学策略，也要靠教师自身对于自然的热爱。对自然的热爱是会传染的！

最后要记住，那些拥有丰富的机会在自然世界中进行直接感官体验和积极同伴互动的儿童，比没有这种条件的儿童要学习得更好，发展得更好。我们要努力运用自然取向的学习方法来提升儿童的发展和生命质量（Woyke，2004）。

当你关注以上这三点时，你很快就会发现，将自然有效地整合到课程中，创造出的氛围可以让儿童在许多发展领域茁壮成长：

- 创造力
- 自信
- 观察力
- 人际交往
- 读写和语言
- 问题解决

一、运用自然增强儿童的感官意识

增强儿童的感官意识，意味着提升他们运用每种感官的能力——听觉、视觉、触觉和嗅觉（原文此处无味觉）——从而更密切地观察、区分细节和概念。这样也可以增强儿童欣赏美、表达创意和发现模式的能力（Torquati & Barber，2005）。当儿童发展出强有力的感知能力时，他们在各种情况下对这些方面都会更加敏感。

探索、观察、发现和注意各种感官引发的细节，是理解自然的最佳途径。蒙上儿童的眼睛，带他们在大自然中漫步，请他们触摸特定的事物并做出反应，这样可以增强他们的触觉。运用自然增强感官意识，可以扩展到许多学习领域，例如，读写、问题解决和观察。运用字母表寻宝、自然远足、感觉追踪等新颖的创意来开展活动吧！

字母表寻宝。 字母表寻宝综合了观察和读写能力，因为儿童在游戏时需要拼读并选择适合的单词。对规则进行解释和示范后，这个游戏很容易开展。首先，请儿童用记号笔在他们的自然日志中写出字母表；这可能要占用好几页纸。在每个字母旁边，请他们写下或画出跟这个字母相对应的一个物品。儿童可以结伴或独自完成。下面是一个简单的样例（Hammerman，Hammerman，& Hammerman，2001）。

A——ant（蚂蚁）　　D——dirt（泥土）　　　　G——gravel（石子）
B——bird（鸟）　　　E——earthworm（蚯蚓）
C——cloud（云）　　　F——fall leaves（落叶）

字母表寻宝可以很方便地改为聚焦某一形状、颜色或字母。以下是两个例子。

颜色寻宝：红色

A——apple core（苹果核）

B——brick on school building（学校建筑上的砖）

C——coat on step（台阶上的外套）

D——drink can in recycling bin（回收桶中的饮料罐）

字母寻宝：B

Bryan，my classmate（布赖恩，我的同学）

Bushes on the play ground（游乐场上的灌木丛）

bicycles across the street（穿过街道的自行车）

bark on a tree（树皮）

寻宝游戏要想成功，就要和儿童的兴趣、学习动机结合起来。这两本很棒的书提供了许多入门性的活动：一本是马丁（Martin）和塔尼斯·乔丹（Tanis Jordon）的《亚马孙字母表》（*Amazon Alphabet*）；一本是琳达·韦斯特韦尔特（Linda Westervelt）的《罗杰·托里·彼得森的鸟类 ABC：写给小小观鸟者》（*Roger Tory Peterson's ABC of Birds: A Book for Little Birdwatchers*）。使用字母表图书还能增强语音意识呢！

> **温馨提示**
>
> 儿童在自然寻宝的途中经过蚂蚁群时，要提醒他们保持几英尺的距离。对于陌生的巢、洞或灌木丛也是如此，因为里面常常住着咬人的昆虫。应提供双筒望远镜并示范其用法，使儿童能近距离观察蚁丘和蜂巢（Arnosky，2002）。

自然远足。另一种发展儿童感官意识的活动是自然远足。有两种类型的远足有助于吸引儿童走进自然世界：观察型远足和体验型远足。远足能刺激儿童的各个感官。让我们快速回顾一下观察型和体验型远足可以运用的每种感官（Hammerman，Hammerman，& Hammerman，2001）。

● 视觉：远足时，请儿童留意观察大自然中的各种颜色、形状、大小和形态，寻找天空中各种各样的鸟、地上黏黏的鼻涕虫和各种小虫子；提供放大镜和其他自然类工具，支持他们用眼睛来集中注意力；提一些促进视觉运用的问题，例如，"你看到了什么？"或"关于它你可以告诉我什么？"这类问题一定要具体。

● 听觉：请儿童倾听各种声音，判断它们是大还是小。比较各种自然界的声音（如动物的叫声）与人造的声音（如机器运作的声音）。请儿童闭上眼睛。

（年幼的儿童可能会偷看，所以要使用蒙眼布。）提一些聚焦听觉的问题，例如，"你听到了什么？"和"这些鸟儿听起来怎样？"

●嗅觉：请儿童嗅闻自然的芳香，例如，刚剪过的草坪、落下的叶子或野花。让儿童用手揉搓自然物后，闻一闻搓它的气味。问一些关于嗅觉的提示性问题，例如，"那个闻起来怎样？"和"以前你闻过吗？"

●触觉：请儿童触摸软的、硬的、光滑的和粗糙的自然物。让儿童站在风中，用他们的整个身体来感受风。在温暖的午后，让他们躺在草地上，感受阳光照在脸上的暖意。问一些触觉方面的问题，例如，"那个摸起来感觉怎样？"或"你的皮肤有什么感觉？"

●味觉：对味觉的刺激需要在教室中进行。品尝自然物是危险的，这一点要告诉儿童。收集各种咸的、甜的、苦的、酸的物品，供儿童用他们的味蕾进行探索。问一些关于味觉的提示性问题，例如，"它的味道是好的，还是不好的？"或"你觉得尝过它以后，你会是什么表情？"（Humphryes，2000）。

自然远足对所有年龄段的儿童都是充满乐趣和富有教益的，可以培养儿童的好奇心。如观察性远足，带儿童到游乐场或院子里，请他们关注自然中的某一事物（如一只鸟），运用他们的某一感官观察几分钟（可设定计时器）。计时器响了之后，问一些问题，例如，"你怎样知道这些鸟是活的？它们住在哪里？它们吃什么？你是怎么知道的？"

另一种培养感知能力的方法是体验性远足。体验性远足需用身体直接接触自然。一开始，可以请儿童躺在草地上，感受洒在脸上的阳光和扎着后背的小草。随后，让他们挪到阴凉处，讨论各自看到的、感受到的有哪些不同。

温馨提示

在较高的草坪、草丛或野花丛中探险时，一定要让儿童把裤腿塞到袜子里，以免被叮咬和过敏。如果需在户外停留一段时间，应使用防晒霜和驱虫剂。

户外远足是有益的，因为它们为儿童提供了适应户外环境的机会，使他们更容易从中学习（Humphryes，2000）。自然远足可以引发出无穷无尽的书写、绘画和艺术课。

感觉追踪。感觉追踪活动要有多个发展儿童感官敏锐性的站点。在感觉追踪时，儿童需要两两结对、团队合作。他们会用到自然日志和各种补给，例如，马克笔、铅笔、纸、精心绘制的地图，这些东西可以装进一个自然背包里。所有站点应在地图上清楚地标明。事先进行踩点，讨论每个站点的位置以及在那儿做些什么。感觉追踪活动可根据参与者的年龄适度简化或增加难度。

温馨提示

　　儿童进行感觉追踪或寻宝时携带的地图，要制作得看起来很逼真。可以从棕色纸袋子上剪下地图尺寸的纸片，使用永久记号笔画出各种地图标志或方向。将地图的边缘烧焦，用橄榄油或咖啡擦拭几遍做旧。

　　下面的活动是一个感觉追踪活动的样例，其中有三个站点。对处于阅读萌发期的儿童，使用单词和图画；对不会阅读的儿童只用图画就可以了。对于不会阅读的儿童，每个站点都需要一位成人作为监护人，确保他们能正确完成该站点的任务。

第一站：大树站

可以由一名儿童告诉其他人：

● 从树上摘一片叶子然后闻一闻。它闻起来怎样？用手搓一搓叶子后再闻一闻，感觉怎样？

● 在大树旁边选一朵野花。它闻起来怎样？在你的自然日志里把它画下来。

● 用你自然背包里的胶带，把一张纸贴到树上。用蜡笔或铅笔在上面涂，拓印出树皮轮廓的纹路。

第二站：野餐桌

可以由一名儿童告诉其他人：

● 在秋千旁边的野餐桌上，你会发现一个蜗牛壳。仔细观察它的颜色和图案，在自然日志中画出这个蜗牛壳。

● 观察蜗牛壳的里面和外面，看看它们有哪些相同和不同。

● 用天然黏土滚出一个蜗牛壳，用彩色的水族箱卵石在上面创作图案。

第三站：树洞

可以由一名儿童告诉其他人：

● 观察这棵树上的洞。哪种动物可能会住在里面？为什么？

● 这种动物为什么会选择这棵树？它会吃什么？

● 把你觉得会住在这个树洞里的动物画在自然日志里（Hammerman，Hammerman，& Hammerman，2001）。

温馨提示

儿童研究树和鸟时，可以让他们把彩色的细绳、碎布、烘干机上的绒毛、旧家具的填充物和棉球等挂在大树上，并一起观察鸟用这些材料筑巢的过程。在游乐场或社区找一找，看能不能发现彩色的鸟巢。

给教师或家长志愿者的提示：在每名儿童的线路图上标出终点站，在那里他们可以通过绘画、搭积木或书写来进行反思。第二章和第三章会呈现一些供儿童在活动后放松和反思的特别场所。在活动中可以放点背景音乐。

要想让自然寻宝、远足和追踪活动对儿童有意义且令人兴奋，不妨回想一下自己的童年。此外，有关自然的经验可以用在将来的课堂活动中。可以把某次远足时收集的花瓣制作成香薰（艺术和科学），或用于分类活动（数学）。当儿童身处大自然中时，要鼓励他们适宜地运用和享受自己所有的感官，开启观察自然世界的全新视角。

二、运用自然发展儿童的社会性、读写和语言技能

大自然提供了持续地挑战儿童游戏的机会（Torquati & Barber，2005），它所提供的无穷无尽的感觉经验能发展和完善多种早期学习能力，包括社会性、读写和语言技能，也包括游戏的发展。以下这些活动探索了社会性技能、读写和语言技能的发展，它们的思路和策略能让儿童更加亲近自然并增进他们的好奇心。

（一）社会性技能

对于问题解决和社会性技能的发展来说，大自然是很棒的场所。它为儿童尝试解决问题提供了机会。当儿童探索自然时，他们会彼此互动，在分享和讨论自己的好奇之处的同时使彼此的分歧达成妥协。户外的道具箱和大任务能催生社会性游戏，让儿童更加亲近自然。

温馨提示

以下的道具箱小贴士，可以让户外游戏的目的更明确：

● 讨论每个道具箱的目的，例如，关注安全，强调分享，回顾特殊的规则。

● 轮换道具箱，让所有儿童都有机会玩。如有必要，可以给那些受欢迎的道具箱列一个等待名单。

● 设定道具箱的相关规则，例如，每次允许几名儿童一起玩这个道具箱？箱子可以放在哪儿？不能放在哪儿？怎样清理和收纳？

● 与道具箱游戏保持一致，包括安全规则、轮换、材料补充等方面。道具箱应定期更新，破损的物品应予替换。

---

1. 户外道具箱

同伴游戏能促进儿童的学习，帮助他们形成胜任感（Drew & Rankin，2004）。儿童在户外一起游戏时，社会性技能必然得到发展。表演游戏让社会性技能有了更多发挥的机会，在表演游戏中，儿童互动、分享、轮流、角色扮演、练习读写和语言技能，并扩展他们对周围世界的认识（Myhre，1993）。无论地点在哪里，表演游戏区都让儿童有机会成为成功的、自我指导的社交玩家。

为了让儿童更亲近自然世界，可以运用游戏道具箱来扩展户外的表演游戏区，从而锻炼他们的想象力。户外道具箱装满了主题性的物品，用来随处引发和扩展表演游戏。准备道具箱时，要充分考虑每个箱子的目的、年龄适宜性和安全规则。例如，修理铺道具箱可以让儿童探索各种旧器械，从而增强他们的问题解决能力、精细动作技能和社会性技能。当儿童修理废弃的物品时，他们会解决问题并产生社会性的对话——"看看这个录像机里的齿轮！你发现了什么？你的那个里面是什么样的？"——甚至在还没有动手前，交流就开始了。要确保各种工具，如螺丝刀等的年龄适宜性，并在开始前充分讨论工具使用的安全规则。

为了收集、整理以及拥有干净有序的道具箱，可以致电本地的复印店或办公用品店，请他们提供空的打印纸盒子，也可以使用塑料箱。塑料箱更耐用，结实的电脑箱则方便存储、做标记和替换。可以通过班级通讯栏向家长征集物品，也可以直接致电各种商店，例如，理发店，请他们贡献小梳子、空洗发水瓶、围裙、假发等，准备理发店道具箱（Myhre，1993）。可以联系五金店、锁具商店、瓷砖商店、建筑工地、医院，以获取下列道具箱物品（Ross，2000）：

- 废弃的锁和钥匙
- 塑料杯
- PVC 管和亚克力管
- 塑料镊子
- 各种塑料挤瓶
- 漏斗
- 滑轮和塑料吸盘
- 小铲子

花店。花店道具箱可以方便而漂亮地安放在花园或户外游戏场所，例如，玩沙区或玩土区。可以在道具箱里装入纸花、纸巾花、塑料花或真花。为了使这个区域更美、更吸引人，可以把各种一年生植物或草本植物种在不寻常的容器里，如车厢或旧抽屉。（一定要在自制花盆里钻出或敲出排水孔来。）以下是可以放入花店道具箱的道具：

- 废旧的园艺杂志和图书
- 儿童适用的园艺工具
- 颜色鲜艳的印花围裙
- 园艺帽（带沿且颌下可系带）和园艺手套
- 形状、大小和材质不同的空洒水壶
- 空的种子袋
- 各种花瓶和花篮
- 收银台和游戏币

面包店。在扩展做泥饼和烤沙子蛋糕游戏方面，户外的面包店道具箱是一种很棒的方式。可以把它放在小的圆木或凳子上，等待儿童去发现。在面包店道具箱中，可以把各种土做的"汤"和"酱"混在一起，装进大的、有结实盖子的容器中。例如，土做的"汤"可能是用沙子、小石子、大量的水和黏糊糊的塑料虫子混合而成的。花瓣和揉碎的叶子可以成为面包店菜单上的方便调味品。可以把老旧的烤炉架子当作新烤制食品的冷却站。在食谱卡片盒里装入彩色的索引卡，以鼓励儿童书写食谱。面包店道具箱里的道具还包括：

- 饼干烤盘
- 各种规格的量杯
- 手持搅拌器，切断电线
- 各种类型、形状和尺寸的蛋糕烤盘
- 烤箱手套和围裙
- 各种形状和尺寸的盆和锅
- 干净的空牛奶盒
- 塑料和木质的炊具
- 铝箔和纸杯
- 用于烤"装饰菜"的配料
- 收银台和游戏币

温馨提示

　　面包店游戏的道具箱不仅能让儿童烤土蛋糕、倒脏泥酱，还能让他们在游戏中了解物品的质地和其他科学概念，例如，吸收、蒸发和渗透性。面包店道具箱可以引出无穷无尽的想象游戏。可以请儿童用泥做出七道菜。

动物诊所。终于可以把所有收藏的动物玩具都用上了！向家长发一份募捐的通知，请儿童带回家。运用动物诊所道具箱来介绍著名的博物学家黛安·福西（Dian Fossey），她致力于保护大猩猩和它们的栖息地（包括一些体型较大的大猩猩）。道具箱里可以轮流放入多种动物，每周设定一个主题，比如，这一周是小猫，下一周是狮子和老虎。动物诊所道具箱还可以包括以下道具：

- 小卷的布绷带

- 多种胶带
- 滴管
- 棉球和棉签
- 听诊器
- 旧的宠物车
- 动物用的梳子和毛刷
- 各种型号的海绵
- 橡胶手套
- 板夹
- 罩衫

修理铺。儿童喜欢拆各种电器！带有各色电线和小物件的旧电路板和齿轮，对他们来说是科学探究的最好对象。放在户外、装满小工具和磁铁等物件的修理铺道具箱，会引发儿童的好奇心和动手摆弄的渴望。推荐的物品包括：闹钟、熨斗、手持式吸尘器、收音机、烤面包机。一定要切断电线，相应的部位用胶带缠好。这个道具箱可以放在野餐的桌子上，也可以放在开阔的草地上。坚持要求儿童无论做什么，都必须戴上安全帽和护目镜，以增强安全性。小的十字和一字螺丝刀、钳子、钉子、锤子可能会比较锋利，胶合板可能会开裂，所以一定要坚持执行修理铺安全规则。修理铺道具箱里还可以放入以下物品：

- 卷尺
- 铅笔
- 建筑蓝图
- 计算器
- 扳手
- 安全帽
- 手套
- 螺丝和螺母
- 木材边角料

户外百货市场。户外的杂货摊或百货市场是很棒的道具箱创意，即便是呈现在迷你果园（见本书第 79 页）里。蔬菜水果可以用新鲜的，也可以用塑料的。在空的盒子和容器里装入真实的食品原料，例如，通心粉或大米，以便感受它们的声音和重量。收集鸡蛋托，两升容积的瓶子和其他物品。请本地的百货店捐赠一些棕色纸袋，用板条箱和胶合板做成食品展示架，用一些小的便笺纸或彩色的点子贴画来做价格标签。如有可能，把在户外货架上摆放食品当作培养儿童分类能力的方法。百货市场道具箱中还可以放入以下物品：

- 玩具购物车
- 空的食品容器和盒子
- 各种小篮子
- 收银台和游戏币
- 能打印小票的收银机
- 带有显示屏的电话机

露营。春天或初秋时节，非常适合在户外玩露营游戏。摆放草坪家具可以引发露营历险的想象游戏。放一些适合儿童用的钓鱼竿和钓具箱，箱里装满塑料虫子和玩具诱饵，钓鱼竿最好是带磁力的，把金属放在鱼竿末端，替代鱼钩。设置一个游戏池塘，里面放满织物鱼或泡沫鱼，鱼身上粘有磁铁。搭一顶小帐篷，里面放几个睡袋，旁边"点燃"一堆假的篝火，还可以摆放一些纸盘、塑料杯和一个煎锅。作为犒劳，儿童可以在教师的监护下用喷灯或电炉"烤"棉花糖。露营道具箱里还可以放下列物品：

- 塑料的食品玩具
- 金属咖啡壶，带有杯子
- 保温杯
- 锅碗瓢盆
- 装满空瓶的小冰桶
- 太阳镜
- 双筒望远镜
- 手电筒

其他的表演游戏道具箱创意包括：

- 牙科诊所
- 动物园管理员
- 狗屋管理员
- 宠物美容师
- 邮局
- 宠物店主
- 户外的下午茶聚会
- 农场工人
- 露天剧场
- 宇宙飞船
- 公园护林员站
- 警察局或消防站
- 医生的诊室或护士站

一定要在道具箱里放入与主题相关且年龄适宜的图画书，供儿童阅读。无论是什么主题，道具箱里的物品都要种类丰富、一物多用。道具箱可以简单，例如，吹泡泡宝箱，放入多种泡泡棒和桶；也可以丰富，设置在屋后平台或露台上的绘画工作室。对于绘画道具箱，要持续更新绘画用品。儿童喜欢尝试多种颜色，例如，淡蓝色和天蓝色，或各种色调的红色、橙色、黄色和绿色。可以使用多种调色盘，例如，松饼模具或旧的塑料盘。为儿童提供各种帽子和围裙，让他们能穿戴得像艺术家那样。任何戏剧表演道具箱的目标，都是在不改变整体主题的情况下扩展个体的兴趣。道具箱可以扩展到户外的特定空间，相关内容详见第三章。

2. 合作性大任务

当儿童在户外合作进行工作和游戏时，复杂的学习就出现了。如果儿童参与的体育活动目标明确且在问题解决、社会性和运动技能方面有挑战性，他们在情感方面也会有所成长（Jones，2005）。当儿童偶然碰到有挑战性的学习领域并经历丰富的、全身的锻炼时，户外的自然学习经验会更加丰富。运用大任务可以使儿童获得这样的经验。什么是大任务？简单来说，大任务就是需要多名儿童共同完成的任务（Jones，2005）。创造性地运用大任务的小组规模与分组方式，能够正面促进儿童社会性和情感方面的成长——"我的同学需要我的帮助！我的老师信赖我！"

大任务能培养"效能动机（effectance motivation）——对于解决挑战性问题，获得找到解决方法的满足感的渴望——及其关键要素（Jones，2005）"。除了让儿童更加亲近自然，大任务还让教育者有机会提供有意义的自然取向的活动，运用自然取向的教学策略，从而在课堂内外建立儿童的自信心和成功感。研究结果支持运用大任务挑战儿童的做法，研究显示完成一项大任务能让儿童怀着自信与胜任感面对新的挑战（Jones，2005）。大任务需要儿童运用以下能力：

- 识别需要解决的问题或任务
- 设计解决方案
- 动手实施（常常大汗淋漓）
- 相互协作
- 听指令
- 协商
- 妥协

要完成大任务，儿童需要合适的工具，也需要适宜的指导，特别是在使用锤子、钉子和螺丝刀等小工具方面。大任务需要用规则和指导来确保安全和工具的有序收纳。为儿童提供的大任务工具清单可能包括以下物品：

- 适合儿童用的扫帚和拖把
- 簸箕
- 不同尺寸的海绵
- 各种塑料桶
- 适合儿童用的真实的户外用具，例如，塑料或金属的耙子、锄头、四轮货车、手推车
- 板条箱
- 洒水壶
- 雪铲

通过大任务，儿童会发现，他们有能力改变外物（Jones，2005）。下面所列的大任务，都可以融入一日常规中。对以下每项建议，都请考虑年龄适宜性和季节因素。

清理游乐场。游乐场总是需要收拾整理。不管是暴风雨过后捡拾四处散落的杂物，还是经过一个下午的玩沙游戏后清扫柏油路面，游乐场上充满了大任务的契机。和儿童一起为需要完成的游乐场任务列出清单，完成后打钩。游乐场清理计划清单可能包括以下内容：

- 更换秋千区的木屑
- 对户外玩具进行整理、分类，归还到相应的储物箱里
- 在装有肥皂水的桶里清洗玩具
- 用各种扫帚和拖布清扫露台

允许儿童用水桶在水龙头处接水后运到他们的大任务工作场所。体力劳动对他们有好处！

清理桌面。清理水渍、泥巴或感觉桌可真是一项大任务。可以帮助儿童把桌子搬到户外，以便他们冲水或擦洗。请儿童合作解开水管，用完后再一起卷起来。如果没有水管，可以用水桶和各种大号海绵、刷子。完成清理后，用一些自然物品和新玩具让这张桌子改头换面。

清理花园。漫长的冬季结束后对花园进行清理，可以是一项富有成效的、有价值的大任务。儿童可以了解园艺工作流程，以及让春天的花园欣欣向荣的具体做法。花园清理大任务的内容非常丰富：拔掉枯草、去除枯叶，把它们装到袋子里，放入学校的大垃圾箱。松土并添加护根物[①]，种下新的种子。经历花园大清理之后，你绝对需要更换好多副园艺手套了。

温馨提示

在花园中，可以培养以下多种能力。

科学：观察植物从种子开始发芽生长的过程，以及它们对阳光和水的反应。

读写：学习植物的名称，阅读有关植物的书并书写自然日志。

数学：数种子，比较大小，画出植物生长的图标，记录降雨量。

社会性：将儿童聚在一起，如果有可能的话可深入社区。

落叶巡逻队。儿童应该有许多机会在大堆变干变脆、五彩缤纷的叶子里玩耍。秋天馈赠了我们一个传统的童年大任务——收集脆硬的枯叶。树叶巡逻队的大任务有几个简单而充满乐趣的步骤。

1. 把落叶收拢成一堆。

2. 在叶子堆里蹦跳。

3. 多次重复步骤 1 和 2。

4. 把叶子重新收拢，塞到大袋子里。

5. 把装满落叶的袋子拖到学校的大垃圾箱并扔掉。

每名儿童都应该有机会参与落叶巡逻队大任务，享受其中的乐趣。

铲雪。用儿童尺寸的雪铲在人行道上铲雪，这项大任务保证能让儿童小脸通红，身体也得到锻炼。让儿童清理大雪覆盖的柏油路，这样他们才能在路上骑三轮车或推四轮马车。让儿童把雪泥也铲掉，请他们在自己的自然日志中写一写雪和雪泥有什么不同。完成铲雪的大任务后，为儿童提供热可可饮料。可

[①] 包括枯叶、树枝或粪肥——译者注

以一起阅读埃兹拉·杰克·基茨（Ezra Jack Keats）写的《下雪天》（*The Snowy Day*）。

清理宠物的家。如果你的教室里养了小动物，可以请儿童清扫和擦洗笼子、水族箱或小容器。把这些动物的窝巢拿到户外去冲洗；也可以在教室里铺一张大的防水布，用粗布毛巾和肥皂水清洗。对宠物的窝巢定期进行清理，可以让责任感植根于儿童的心中。

照料植物。照料教室中的植物是一项大任务，它可以分解成许多小的步骤。植物需要浇水、修剪、移栽。移栽可以在室外进行，也可以在室内。让儿童收集移栽所需的物品，例如，土壤和小铲子。请他们团队合作，把绿植移栽到大盆里。更多关于盆栽植物的创意，见本书第26页。儿童可以种植和照看各种香草花园或一年生花卉的花坛，记录种植在室内花盆和室外花坛中的香草和一年生花卉的生长情况，对结果进行比较和对比，讨论其相同和不同。对于室外植物的生长和照料情况，还可以提出以下问题：

- 室外背阴处的植物会向光生长吗？
- 植物的根会为了找到水而改变生长方向吗（为便于观察可将植物种在透明塑料容器中）？
- 如果一棵室外植物的茎被剪断了，它还能存活吗？在室内呢？

> **温馨提示**
>
> 可以在天花板上悬挂适宜儿童照料的植物——例如，芦荟、竹子、大叶万年青、圣诞仙人掌、黄金藤和吊兰，或把它们放在架子上和窗台上。这些植物跟教室中的热源或冷源一定不要离得太近。

（二）读写和语言技能

过去十年间，为了满足儿童多样化的读写和语言需求，对新的、有效的教学策略的呼声日益高涨（Hill-Clarke & Robinson，2004）。例如，将自然与音乐、艺术结合可以创造性地发展读写和语言技能，并满足个性化的学习需求。在戏剧表演、文学和大肌肉运动等领域中提供开放式的自然活动，可以扩展读写量和语言量，使其超越简单、日常的阅读和书写作业。

互动式故事讲述

听说读写四类活动均衡、读写和语言刺激丰富的环境，对有效的早期学习而言十分重要。互动式故事讲述能促进儿童创造性表达、倾听能力和词汇量的发展。将故事讲述与插图精美的自然主题的图书及道具结合起来，不但能发展读写技能，也会吸引儿童走进自然世界。运用以下五个步骤，可以有效地开展带有自然特色的互动式故事讲述。

1. 选择年龄适宜的图书。确保书中有多个角色和按顺序展开的情节，比如埃里克·卡尔（Eric Carle）的《爱生气的瓢虫》（*The Grouchy Ladybug*）和《好饿的毛毛虫》（*The Very Hungry Caterpillar*）。

温馨提示

伯纳德·韦伯（Bernard Waber）的《小熊和令人惊奇的通宵聚会》（*Bearsie Bear and the Surprise Sleepover Party*）是一本很棒的互动式故事书，书中玩了许多发音和字母游戏。儿童会对那些角色感到惊奇——麋鹿（Moosie Moose）、狐狸（Foxie Fox）、鹅（Goosie Goose）等。这样的故事特别适合让儿童进行预测，并添加一些好笑的发音、生动的道具来代表每个角色（Yopp & Yopp，2009）。

---

2. 展示图书的封面并读出书名，让儿童预测这个故事是讲什么的。简要地翻阅这本书，向儿童随机展示其中几页。

3. 介绍故事中的主要角色。在记录纸或绒布板上列出它们，并分配其中可以由儿童表演的角色。自然取向的道具包括：用来捏的落叶，用来摇出声响的干葫芦，以及一袋用来摇晃的鹅卵石。

4. 阅读这本书之前，给志愿者发放道具，以便他们练习自己的角色。练习几轮后，感情充沛、抑扬顿挫地朗读这个故事，注意语气和语调要符合角色特点。

　　摆出装满道具的故事布袋，里面有木偶、人偶、羽毛和其他可供儿童用来编故事的创意物品。

　　5. 以讨论结束这个故事。问儿童这个故事的背景、情节和结局，让他们说说还可以使用哪些道具。随后，请儿童在自然日志中画出自己最喜欢的角色，并写下理由（Hill-Clarke & Robinson，2004）。

　　强力推荐使用那些玩发音、押头韵和尾韵游戏的图书进行互动式故事讲述。例如，伯纳德·莫斯特（Bernard Most）的《公鸡喔喔喔》（*Cock-a-Doodle-Moo!*）。在这个令人愉快的故事里，儿童会看到一只大公鸡在试图喊出"Cock-a doodle-doo"时出现了各种乱七八糟的花样，包括"Mock-a-moodle-moo"和"Sock-a-noodle-moo"等，特别好玩！在给儿童讲之前，教师要自己先看一遍，避免选那些带有刻板印象的主题或信息的图书。

　　自然哑谜游戏。一轮富有想象力的自然哑谜游戏，可以促进儿童创造性表达、读写技能和身体运动能力的发展。自然哑谜游戏可以用彩色的道具，如围巾、丝带、贴在美工棒上的剪贴画、铃铛等。这些道具可用来向儿童具体形象地介绍故事中即将出现的某些词汇。故事书也可以变成有创意的猜哑谜游戏。参考步骤如下：

　　1. 展示多个自然词汇，例如，夏天、彩虹、虫子、花朵。如果可能的话，把这些词写在大记录纸上。添加图画并塑封。玩游戏时，儿童会喜欢用可擦的马克笔圈出词和字母。

　　2. 感情充沛地朗读每个词。

　　3. 请一名儿童借助动作和道具表演列表中的某个词，其他儿童猜是哪个词。你可以先表演几个作为示范，例如，在空中来回挥舞几条彩色的丝巾表示彩虹，用手指在地板上敲打出噼里啪啦的声音表示虫子。其他的道具创意包括：摇摇蛋（塑料蛋壳中装入豆子或大米，用热熔胶密封）、肥皂泡泡、彩旗、节奏棒和干葫芦。

　　玩自然哑谜游戏时，要鼓励儿童使用道具和动作来表达相应的词语。切记，道具可以很简单——把皱纹纸条贴在木钉上，就变成了长条旗。还可以表演短语，如"跳进湖里"——地上放一个呼啦圈，然后跳到中间；"爬上高山"——爬过浅橙色的锥形筒。用下面这些动词列一张表，然后试试吧：

飞奔（gallop）

爬行（creep）

踮脚尖（tiptoe）

保持平衡（balance）

伸懒腰（stretch）

猛冲（lunge）

扭动（wiggle）

　　可以把拉丁美洲的民间故事"优雅的公鸡"（The Elegant Rooster）变成哑谜或滑稽短剧。在故事中，一只公鸡在去参加婚礼的路上，发现地上有一粒玉米。这只公鸡吃了玉米，结果嘴上沾了泥。发现这个问题后，它请自己的朋友——包括雏菊、绵羊、狗、木棍、火——帮忙，但它们大多数都说："我不想！"（Russo，Colurciello & Kelly，2008）儿童可以借助创意道具表演其中的动物和物品，请其他人猜猜演的是故事中的哪个角色。

　　简·布雷特（Jan Brett）的《手套》（The Mitten）是另一个适合玩自然哑谜游戏的故事。这是一个乌克兰民间故事，由简·布雷特绘图，画面非常美。在故事中，许多动物——例如鼹鼠、兔子和獾——碰到一只被遗失的手套。它们一个个挤进温暖的手套里，直到一只大棕熊和一只小老鼠也挤了进来，突然，一只动物打了个喷嚏，所有动物被弄得飞到了雪地里。儿童可以猜猜哪只动物的喷嚏这么有力量，惹出这么大的乱子。儿童可以重建手套的场景——在桌子上罩一条毯子，在它下面爬。他们也可以为每只动物制作道具服，然后表演这个故事。

　　自然的音符。这个活动可以发展创造性表达、音乐鉴赏能力和写作能力。有些歌曲，例如，哈普·帕尔默（Hap Palmer）和玛莎·切尼（Martha Cheney）

的"蹦蹦跳跳"（Scamper），它是一个猫捉老鼠的转圈游戏（cat-and-mouse circle game），见于《女巫的啤酒》（*Witches' Brew*）这张专辑。它可以读，可以唱，还可以改编为剧本。自然的音符是比较简单的活动：

1. 收集各种音乐选集，供儿童在户外活动时播放。音乐风格可以是雷鬼音乐、乡村音乐、经典音乐、节奏蓝调和蓝草音乐。曲目的选择要有创意。

2. 每播放一段旋律，就请儿童在自然日志中画出这段乐曲让他们想到了什么，或让他们的头脑中浮现出什么画面。

3. 请儿童分享他们的画作，交流画作背后的缘由。

4. 引导儿童注意到，同一首乐曲在不同的人心中会引发不同的思考和情绪。

感官游戏。任何动手操作的感官游戏都能促进儿童之间的交谈。如果游戏很吸引人，而且伴着新鲜的空气和明媚的阳光，就更是如此了。例如，一张放满玉米淀粉糊、玉米粒、大米、贝壳的户外感觉桌，保证能让儿童聊起来（Kalmar，2008）。可以让儿童用美工棒或小树枝在泥状物上练习书写自己的名字或常见词汇。

搭积木。搭积木可以自然而然地发展语言和读写技能，因为儿童需要谈论搭建计划。可以提供大卷的纸和铅笔，用于记录语言、读写和社会性技能（Kalmar，2008）。搭积木时，儿童可以运用词汇跟其他"建筑师"商量，做计划，交流想法，妥协和解决问题。如果换到户外场景中，在沙子、石子或满是虫子和石头的土堆之间，儿童参与游戏和学习的可能性都会增加。

温馨提示

自制一些积木供儿童使用。收集多种形状和大小的盒子，装入一些能发出声响的物品，例如，纽扣、棋子、玻璃弹珠、石头或金属回形针。需要的话，可以用胶封口并涂上颜料。

戏剧表演。儿童参与各种角色、规则和主题的过程中，戏剧表演会引发即时的言语交流（Kalmar，2008）。各种创意道具，例如，新娘的面纱、斗篷、遮阳伞、头饰、马甲、漂亮的手套、收据、订单垫板、菜单和钢笔，能激发出创

造性的游戏对话。"你是新娘，所以你要穿上亮晶晶的红鞋子，戴上面纱。我会戴上漂亮的手套。怎么样？"让儿童用大号的棕色纸袋制作道具服装，并随着音乐做动作。摆出一箱好看的靴子和鞋子，用于引发持续的戏剧表演。关于戏剧表演道具箱的讨论，见本书第8—9页。

温馨提示

永远不要低估彩色的薄纱在戏剧表演区的魔力。儿童会用它作披肩、吊腕带、帐篷、窗帘，还会有其他无穷无尽的创意。

制作剪贴簿。一张户外的剪贴簿制作桌可以引发儿童之间生动的对话。可以用剪贴画、自然工艺品、杂志、郊游时收集的物品、颜料、记号笔、印章、丝带、打孔器以及其他有趣的装饰品等各类用品，设置一个富有吸引力的区域。制作剪贴簿可以促使儿童在制作页面时讨论和回忆各种事件。"还记得吗？那次我们去南瓜地，我发现了最大的那个南瓜。"儿童也可以把自然日志的部分内容变成剪贴簿的页面。

三、用户外花园吸引儿童走进自然

在花园里劳作的经验能发展儿童的学业技能（Rosenow，2008）。可以把游乐场的一部分开辟成充满各种鲜艳的色彩、质感和香气的花园，为儿童提供各种各样的户外园艺机会。实施园艺项目时，你的目标应该是，运用儿童与虫子、植物和泥土的感官经验将他们和自然世界联结起来。

温馨提示

把儿童的自然日志中的一部分命名为园艺栏目。让儿童写下日期，跟踪记录他们的花园的变化过程。儿童可以记录他们的观察和预测，也可以给花园的关键阶段拍照。园艺日志可以用来记录花园里的降雨情况，以及观察到的那些啃食花园里幼苗的动物，还可以在其中添加大家喜欢的农产品食谱（Starbuck & Olthof，2008）。

主题花园。花园为课程扩展提供了很棒的机会。将一个小的花园主题纳入你的日常课堂常规，可以引入多种科学概念，增强儿童的精细动作和大动作技能。花园主题是无穷无尽的：

● 运用沙子、小石子、雪松木屑、彩色石头创设一个简单的沙漠花园。让儿童用沙石材料制作艺术图案，把灯笼挂成一排。

● 虽然有些扎人，五彩缤纷的玫瑰花园可以让儿童获得重要的种植和修剪经验。玫瑰能引来各种昆虫和鸟类，供儿童观察。

● 糖果主题花园是一个新颖的点子。可以用塑料胡椒薄荷棒（可以购买，寒假后起售）做花园的栅栏，种植胡椒薄荷、巧克力薄荷、姜、肉桂。在种下的香草周围撒一些可可豆。

● 儿童会非常喜欢动物主题花园。可以种植猴面花、虎皮百合、野牛草、金鱼草和猫薄荷。可以把花园这个主题与教室中的故事书、艺术项目和游戏联系起来。艾丝菲·斯劳伯肯纳（Esphyr Slobodkina）写的《帽子出售：一个小贩，几只猴子和它们的猴子生意》（*Caps for Sale: A Tale of a Peddler, Some Monkeys, and Their Monkey Business*）是一个有趣的故事，可以跟猴面花的种植联系起来。猴面花长得很矮，在阴凉处很容易种植。儿童会喜欢花园中凉爽的角落里的猴面花。记得要查找并讨论它那独特名字背后的来由。

● 用字母花园使游乐场变得个性化。可以根据儿童的名字种植相应的香草、花卉、蔬菜。例如，为菲利普种植豌豆（peas），为贝拉种植风铃草（bluebells），为托马斯种植番茄（tomatoes）。请儿童从各类种子里选择自己的植物。照料自己的植物会让儿童形成主人翁的意识（Wilson，1997）。

● 可以布置一个简单的蝴蝶花园，在鸟浴池周围种一些招引蝴蝶的花，例如松果菊、万寿菊和向日葵。把这些花按高矮排序（向日葵在后，万寿菊在前），从而吸引多种美丽的蝴蝶。可以种植欧芹来吸引毛毛虫。

温馨提示

如果儿童在蝴蝶花园发现蛹或茧，可观察几天，然后放回野外。

● 种植百里香、留兰香、鼠尾草，形成一片下午茶花园。放置各种桌椅，以便在花园的香气中举办下午茶聚会，还可以摆一个下午茶道具箱，装满化装服饰、玩偶以及餐具。

● 种植水萝卜、芹菜、菠菜、胡萝卜和矮菜豆，形成一片农作物花园。这些植物在最小的空间里也能很好地生长，而且生长期比较短，几乎不需要照料。它们各不相同的茎和叶为儿童提供了学习分类的机会。

在儿童策划和准备主题花园项目时，要鼓励他们在自然场景中运用所有感官进行观察、游戏和工作。工作时如果下起了小雨，可以问："雨声听起来是怎样的？"其他的问题包括：这风感觉怎样？这些花闻起来怎样？跟土相比，沙子摸起来怎样？有研究者指出：开放式问题和简单的陈述能鹰架儿童的观察，帮助他们看得更深入，听得更仔细（Torquati & Barber，2005）。

香草花园。香草花园是引导儿童亲近自然的很棒的方式。迷迭香、牛至、鼠尾草、百里香、薰衣草、薄荷、洋葱等植物可以刺激儿童的小鼻子。香草花园可以用白色栅栏围起来，安置在游戏设备之间。可以在其他植物（如草莓、苜蓿或南瓜）的小片田地里种植各种香草。可以在一个大的木质车轮里，种植一个香草花园。可以种植牛至、罗勒、大蒜、迷迭香和欧芹，也可以种植小麦、番茄和胡椒。可以增加一个道具箱，里面装满很棒的配件，例如，用于制作比萨的生面团，从而推动游戏的开展。添加围裙和便签本，用于点餐。在比萨花园里的比萨饼店旁边，放置一张桌子和几把椅子。

菜园或花园。任何花园在收获的同时，也能发展各种技能和问题解决能力。可以用盆、盒、桶，在较小的空间里种出一片小菜园或小花园。在划出的小块田地里，可以种植成畦的胡萝卜、黄瓜、豌豆或菜豆，这些都是儿童能直接采摘的。在大一点的花园或菜园里，可以用稻草、护根物或石板做成人行道和迷宫，这样既能增添美感，也能保持土壤湿润（Torquati & Barber，2005）。

野生动物花园。从挖坑到选种、浇灌嫩芽、记录降雨量、画出植物的生长过程，对于任何儿童早期户外环境而言，野生动物花园都是一个理想的自然项目。欢迎野生动物来到你们的游乐场，或者在游戏区种植那些招引野生动物的花卉、植物等，例如，麻雀、松树、花栗鼠、蜂鸟、知更鸟、啄木鸟、蝴蝶和各种吃虫子的鸟。用喂鸟器、鸟浴池来装点野生动物花园。喂鸟器可以用任何常见的东西制作，包括半个椰子壳、酸奶杯、金枪鱼罐头、装草莓或番茄的塑料篮子。埃米莉·斯特森（Emily Stetson）在她的《儿童易于制作的野生动物栖息地：适宜城市、郊区或农村的小空间》（*Kids' Easy-to-Create Wildlife Habitats: For Small Spaces in City, Suburbs, or Countryside*）一书中介绍了很棒的喂鸟器制作方法和野生动物花园的游戏创意。

> **温馨提示**
>
> 访问网站 www.wildforms.co.uk，可以看到各种能在户外花园或游戏区招引各种虫子和小动物们的住所。无论有没有小客人光顾，这些住所肯定能促进花园中的装饰和探索游戏。

下表列出了班级野生动物花园中哪些植物可以吸引哪些野生动物。

表 1.1

吸引的动物	植物
蜂鸟	凌霄花
蜻蜓	有花朵的，自然而平衡的池塘环境 （注：告诉儿童，蜻蜓不会蜇人或咬人）

吸引的动物	植物
松鼠	松果、橡子和松子
蝴蝶	颜色鲜艳的花，例如，金光菊、百日菊、大波斯菊、万寿菊；醉鱼草（蝴蝶灌木）；用于休息和晒太阳的石板
知更鸟	浆果和水果灌木丛；潮湿的土壤，里面有胖胖的蚯蚓
瓢虫	香草，例如，香菜叶、土茴香和大波斯菊

感官花园。感官花园是动手操作的学习宝藏。满是蚯蚓、巧克力薄荷香草、扎人的玫瑰和苍耳的花园会让儿童受益匪浅。其他很棒的且特色鲜明的感官花园的点子有：茉莉（独特的香气）、褪色柳（柔软的质地）、麦秆菊（干燥，像纸一样的质地）、葫芦（摇晃发声）。葫芦的生长周期较长，所以要制订相应的计划。可以种植五彩缤纷的花卉来招引昆虫，包括紫罗兰、玫瑰和忍冬。对香草进行混合和配对，用浓烈的特色鲜明的香气来挑战儿童的小鼻子。例如，挨着鼠尾草种植薰衣草，挨着细香葱种植巧克力薄荷。也可以考虑矮小的旱金莲，它色彩鲜艳，还有着浓烈而怡人的香气。悬挂各种风铃和风向袋。运用各种垫脚石和人行道材料，例如，木屑和石子，为感官花园增添美的气息。

> **温馨提示**
>
> 对于天气不适宜的地区，可以先把花卉或蔬菜的种子种在室内——向日葵的种子在室内长得很快。关于教室中的园艺，有一个很棒的资源是美国园艺协会（Nation Gardening Association）的《生长实验室：教室中的园艺完全指南》（*Grow Lab: A Complete Guide to Gardening in the Classroom*）。该书详细介绍了如何筹划和种植一个室内花园。

容器花园。有些学校，特别是市区的学校，没有足够的土地来开展园艺项目。在这种情况下，容器花园是次优的选择。可以在木质的植生槽、大盆或桶里创建容器花园、香草园或菜园。容器花园易于照料，方便跟随阳光移动——它们几乎可以放置在任何地方，例如，教室里、露台上或房顶上（Starbuck & Olthof，2008），也可以放在游乐场周围的小块地方或用栅栏围起来的区域。其他关于容器花园的点子包括：在教室内外悬挂花盆，或把它们放在折梯上。尽管不是容器，钢线网眼围栏也可以用来"容纳"藤本植物，例如，黄瓜、豌豆、菜豆（Ross，2000）。把花盆悬挂在与儿童的视线平齐的高度，以便他们观察植物的生长并记录其进展。任何类型的容器都可以做成容器花园，例如，旧抽屉、卡车轮胎、四轮马车，只要有排水孔就行。

堆肥花园。堆肥花园非常适合研究分解过程。大量的土壤之友，例如，蚯蚓和甲虫，会从堆肥花园中涌现出来。苹果核、香蕉皮、菠萝的顶部和土豆皮会在一双双小眼睛的注视下，逐渐分解并变成表层土壤。在本书第三章中你会发现更多关于分解的点子。关于启动一个分解项目，米歇尔·伊娃·波特曼（Michelle Eva Portman）的《分解，天啊！》（*Compost, By Gosh!*）一书是很棒的资源。

温馨提示

西瓜虫（潮虫）在堆肥中很常见，大部分儿童都对它很着迷。他们喜欢看西瓜虫卷成一团移动的样子。可以让儿童收集几只，观察几天。把这些虫子放在一个塑料盆里，里面铺上一层湿土、一层潮湿的枯叶，再扔进去一些水果块供它们食用（Ross，2000）。

杂草园。种些杂草。当真如此！儿童的园艺活动应该不限于播种、浇水、翻土、修剪、把植物绑在支架上、清理工具、修剪和收获。一定要把除草也包含进来。在杂草园中，儿童会发现，如果疏于照料，杂草会占领花园，扼杀植物的生长。可以记录、比较和对比浇水过多或过少对杂草的影响。

温馨提示

向儿童介绍风滚草。其正式的定义或许包括"随风飘动的植物"。向儿童展示风滚草的多张照片，让他们在自己的自然日志中画一棵风滚草。读一读苏珊·洛厄尔（Susan Lowell）的《三只小野猪》（*The Three Little Javelinas*）。这本书是西南地区版的三只小猪，画面中充满了风滚草。该书也有供双语学生阅读的西班牙语版。

当你组织自己的花园创意和项目时，要充分利用社区资源。以下是收集捐赠时可以考虑的快速清单：

- 向苗圃或种子公司询问种子和植物。
- 向当地的五金店寻求园艺工具捐赠或打折，例如，儿童尺寸的铁锹、泥铲、栅栏、洒水壶，以及鸟舍和喂鸟器等配件。
- 向家长发一份通知，征集材料、时间、专长或创意。
- 联系高中或大学女生联谊会团体，请她们帮忙干重活儿。
- 访问 www.kidsgardening.org 网站，了解更多建议和点子（Starbuck & Olth of，2008）。

一定要通过信件或儿童工作的照片来感谢捐赠者。在报纸上刊登感谢信也是感谢社区捐助者的一种好方式。

四、结语

正如美国著名博物学家约翰·缪尔（John Muir）所说，"当我们试图单独地辨别任一事物时，我们会发现它和宇宙万物均有联系"（Muir，1911）。带领儿童走近他们的自然世界是可行的，这在很大程度上是因为，一名儿童参与的几乎所有事情都植根于自然。在当今这个时代，带领儿童走近自然也是我们能给予他们的最有价值的礼物之一。当儿童与同伴在户外交流互动时，当他们被新的见解刺激时，他们离自然就会更近一些。当他们以更清晰、更细致的眼光观察周围环境时，他们便学会尊重它。当儿童离自然更近时，他们不但会领略到它的美，也会认识到自己作为其未来守护者的身份。

第二章

发展适宜性自然课堂实践

一开始生长得慢的树木，反而更加苗壮。

——亨利·戴维·梭罗（Henry David Thoreau）

苏珊·艾萨克斯（Susan Isaacs）在她的《育龄期》（*The Nursery Years*）一书中声称："通过玩耍……他获得了关于这个世界的知识……一个普通的、健康活泼的儿童比实验科学家更为渴求新的知识。"大自然是一间活生生的科学实验室。无论是走路时搜集的闪闪发光的石头，沾满青草的膝盖，或者是拂过脸庞的一阵风，大自然每天都在和儿童互动。无论是在操场上活动，还是徒步旅行或是户外考察，儿童的好奇心在和大自然接触时就被激发了。为了培养儿童对自然的热爱，应该将自然世界融入日常教学中，使抽象的概念与生活关联起来且更加有意义。

美国幼儿教育协会（Copple & Bredekamp，2008）在发展适宜性教育实践（DAP）指导方针中确定了儿童课程中的最佳实践项目。发展适宜性教育实践指导方针为教育者提供了合适的材料和活动内容，以刺激和挑战儿童在身体、社会、情感和智力等发展领域的成长，并为教育者提供了在整个课程体系中构建最佳实践环节的蓝图。以下三个原则定义了帮助儿童学习的发展适宜性教学实践（Kostelnik，1993）：

- 把你所知道的关于学习和儿童发展的知识应用到课程和教学策略中。
- 将儿童视为个体，而非群体。
- 尊重儿童——承认他们的成长，在他们成长和学习过程中要有耐心。

把自然融入课程可以增强其效果。通过简单整合多种主题、项目和多样化的游戏菜单（play menu），儿童可以更容易地掌握其他课程并与其建立联系（Tu，2006）。将上述三个定义的原则转化为问题，以帮助课堂教学适应自然学习。问问自己以下问题：

● 这个课程或教学策略符合我对儿童发展和学习的了解吗？适合自然学习吗？

● 这个课程或教学策略考虑了儿童在户外的教学需求吗？

● 在儿童探索自然的过程中，这个课程或教学策略体现了对他们的尊重吗？

儿童是天生的研究者和科学家。他们在成为小鸟和蝴蝶的梦想中茁壮成长（Sobel，1996）。他们天生爱提问，并且渴望在课堂内外有机会亲手做实验。基于这些对儿童的了解，将自然驱动的体验融入课堂不仅是合适的，而且可以用比你想象的更简单的方法来完成！如果将定义原则应用于开放式的探索，其结果将被证明是成功的。

当你准备让儿童更接近大自然时，需要问自己另一个问题："我希望儿童对这种基于自然的活动、课程、单元做些什么，或感受到什么？"把你的答案写下来，这些可能会帮助你重新组织将自然教学运用在课程中的思想体系。

一、自然导向的课堂教学

学习环境应该向儿童传递他们是谁、他们想成为什么样的人这样的信息。当教师了解儿童的目标、兴趣和特点时，就可以形成一个成功的早期学习环境。令人鼓舞、基于自然的实践性课程会支持一个健康的学习环境，以及儿童的社会、情感、认知、创造力以及身体技能的发展（Woyke，2004）。具体的课堂实践，如动手的科学实验、日志和期刊，都极具创造性且发人深省，各式各样的游戏项目和开放式问题及其解决方法，也在培养儿童内在的自然主义智慧和对大自然的渴求（Bellanca, Chapman, & Swartz，1997）。为了让课堂设置适应这种基于自然的游戏实践，请思考以下问题（Curtis & Carter，2005）：

● 我的教室环境向儿童传达了哪些如何与大自然互动以及怎样对待大自然的信息？

● 我的教室有灵活的区域用于开展开放式和单用途的自然活动吗？

● 我的教室里有没有自然导向的区域，儿童可以去那里"度假"、放松或是做白日梦？他们可以待在那里不被打扰吗？

● 贝壳、岩石和水晶这类有趣新颖的物品被用来进一步启发儿童对自然的兴趣了吗？

温馨提示

在为儿童构建自然角（nature station）时，尽量做到以下几点：

● 使用逼真的自然图片、符号和文字与儿童交流。

● 使用直接的眼神交流和精细手势来表达关键点和目标。

● 对自然角进行说明，对于某些需要单独指导的儿童，对其进行和群体指导相同的单独讲解。

以下是将教室改造成具有大自然氛围的一些想法：

操作性游戏。一名好奇的儿童坐在一张摆满开放式材料的桌子旁，这是一种非常有效的学习组合。儿童运用他们的感官和多样材料来探索和扩展自己的学习。组合一个放有拼图、游戏和自然物品（如鹅卵石、树皮、树枝和树叶等）

的开放式操作台，鼓励儿童运用自己的方式重新创造自然场景或物体，这将帮助儿童学习抽象概念。除了自然标本外，还可以提供建筑用纸、天然黏土、墙纸、泡沫塑料和管道清洁剂（Danoff-Burg，2002）。把玩具和材料整理好，教会儿童游戏结束后把椅子放回原位，把物品放在垃圾桶里，而不是留在地板上。此观念应贯穿于室内室外所有游戏时间中。

温馨提示

去图书馆借阅或者购买课堂材料。一定要给儿童提供尽可能多的选择，以创设有趣的同大自然接触的机会，这一点同样适用于音乐和运动。机构应允许儿童运用他们所有的感官：视觉、听觉和动觉。关注儿童聚在一起时集体感兴趣的活动（Watson & McCathren，2009）。确保所有儿童都有机会参与自己最喜欢的游戏活动。

感官游戏。在儿童兴趣的引导下，基于自然的感官游戏区能促进儿童的高效学习。感官游戏为基于自然的探索和发现提供了极好的机会。尽管沙子和水是吸引儿童感官游戏的起点，但加入带有虫子或湿漉漉的落叶的泥土会带来更大的惊喜。还可以找几个安全的工具放到湿软的自然材料里，量杯、漏斗、打蛋器、大蒜压榨机、放大镜和钳子都是不错的选择。下面列出了感官游戏桌可能需要的其他物品：

● 小型乙烯或塑料动物模型，如可弯折的、聚甲醛材料的（pom-pom animals）膨胀动物园和可漂浮的（非常适合感知水位）、手感松软的、农场和海洋中会有的动物模型；可访问网站 www.rinovelty.com。

● 蒲公英球（需考虑儿童是否过敏）

● 压碎的整朵樱花和花瓣

● 冷冻明胶立方体（儿童在探索纹理和颜色时有良好的感官体验）

● 种子（如橡子）

● 室外采集的混合有冰片的雪和冰柱

● 野花和松果

● 真实的贝壳、水族馆砾石、鹅卵石和各种颜色的石头

● 纽扣、珠子和豆子

- 玉米粉、燕麦片、五彩纸屑和蜡笔屑

- 泥土（软土块或泥浆）

- 织物碎片

- 面粉或奶粉

- 面条

- 爆米花（已爆完的或玉米粒）

- 大米（试试桶装彩色米饭，见 www.eNasco.com/earlylearning）

- 沙子（彩色的或天然的；湿的或干的）

- 剃须膏、锯末和碎纸

- 海绵（各种形状和大小；湿的或干的）

- 用食用色素染色的水、食物提取液、彩条喷罐、小冰块或者其他配料

将杯子、容器和漏斗放到感官桌上，让儿童根据自己的兴趣选择。

温馨提示

感官游戏区可以变成拼接的被子，包括粗麻布、地毯、灯芯绒、牛仔布、毛皮、纱布、网布、丝绸、风绒、天鹅绒、塑料和羊毛。将织物和沙子或者干土混合。

科学游戏。课堂科学游戏给儿童提供了实验、探索和实践诸如分类、比较、观察和预测等科学技能的机会。科学游戏区最好位于教室中光照充足的地方，有一张小矮桌，上面摆放着儿童可以自由摆弄的材料，如岩石、植物和小器具。下文温馨提示栏目提供的其他创作材料可供参考，简单的物品，如研钵和杵，或者擀面杖和砧板，对于开发科学游戏来说是非常棒的。一个科学游戏区应包括定期轮换的开放式材料，且每名儿童都能接触到。科学游戏区还应包括记录数据的工具与方法，如，书写工具和美术材料，普通纸、记录图表和描图纸，日历以及测量工具（Hachey & Butler，2009）。

为学习中心和科学实验准备以下自然样本：

- 废弃的蜂巢
- 废弃的鸟巢
- 树皮
- 干净、干燥的蛋壳
- 干花
- 落叶
- 羽毛
- 化石
- 葫芦
- 枫树种子
- 昆虫
- 马利筋豆荚
- 松果
- 盆栽土
- 岩石和砾石
- 贝壳
- 种子

昆虫、蜗牛、寄居蟹、蚯蚓和蚂蚁这类小动物对科学观察很有帮助。下面是一些想法：

- 千足虫：通常会与蜈蚣混淆，可让儿童在自然日记中记录并画出两者的不同：蜈蚣有刺，千足虫则没有；千足虫的足的数量是蜈蚣的两倍；千足虫的身体是圆的，蜈蚣的身体是扁平的。

- 蚱蜢：在教室的科学桌上，让儿童为蚱蜢、蟋蟀和瓢虫建立一个"探索馆"。儿童可以在一个铺满土壤、树叶和莴苣叶的生态箱中观察这些动物。瓢虫以室外植物上的蚜虫为食，是对环境友好的益虫，让儿童观察几小时后将其释放。

- 蝴蝶：蝴蝶的生命周期可以在科学桌上创造性地展示出来。具体做法可访问 www.insectlore.com。当儿童看到毛茸茸的毛毛虫沿着植物的茎蠕动时会惊叹不已，让儿童在自然日记中画出蝴蝶的生命周期，请参阅蝴蝶生命周期的示意图（见图 2.1）。

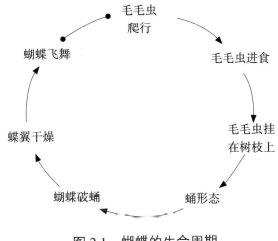

图 2.1　蝴蝶的生命周期

温馨提示

　　带领儿童在操场上进行一次短暂的蝴蝶散步：让每名儿童将手搭在前面人的肩膀上，告诉小组成员他们有很多条腿，就像毛毛虫一样。散步结束时，每个人松开肩膀像蝴蝶一样飞走。把散步作为研究蝴蝶生命周期的延伸活动。

　　班级宠物。照顾班级宠物可以让儿童有机会研究大自然，还能发展批判性思维的能力。每天照顾宠物并对其负责，可以让儿童"练习养护技能，以帮助他们用友好、温和的方式进行互动"（Rosenow，2008）。让儿童轮流给班里的宠物喂食，并让他们讨论宠物为何像人一样需要进食和喝水。如果宠物死了，让儿童决定他们应该做什么，而非向他们隐瞒死亡。选择一个班级宠物时，应最先考虑安全、简单这些方面，同时也应考虑儿童的兴趣。下面是一些适合在班级养的宠物：

● 非洲陆蟹

● 蝾螈

● 狼蛛

● 海龟

- 仓鼠
- 豚鼠
- 沙鼠
- 兔子
- 鹦鹉
- 热带鱼

音乐游戏。在音乐游戏区，儿童可以听音乐，一起唱歌，还可以演奏如葫芦、雨声棒（rain sticks）、干皂荚（dried honey-locust）等节奏乐器。鼓励儿童根据节奏乐器创作和表演音乐舞蹈。一个基于自然的音乐区域还可以提供有水、风、雷暴、雨林、海浪、青蛙或蟋蟀的声音的光盘。儿童可以用耳机欣赏各种音乐，包括强调自然的古典音乐，如贝多芬第六交响乐、非洲鼓、印度巴格拉音乐、爱尔兰和苏格兰吉格舞曲以及莎莎舞曲，还可以让儿童用种子、豆荚和贝壳制作自然乐器（Woyke，2004）。

Rome）

● 费尔德·格罗菲（Ferde Grofe）《大峡谷组曲》第一乐章"日出"
（*Sunrise*）

● 乔阿奇诺·罗西尼（Gioachino Rossini）的《威廉·退尔》序曲（*The William Tell Overture*）

自然艺术。自然元素具有很高的游戏价值，开放性的天然材料在艺术创作中有极好的潜力。光滑或粗糙的鹅卵石可以成为儿童的画布；树枝和木棍可以变成贴画或拓片画的艺术图案。天然材料是免费的，儿童可以在远足活动中找到。在自然艺术游戏区加入各种作画工具，如粉笔、木炭、蜡笔、记号笔和彩色铅笔，把纸放在画架、桌子和墙壁上，当然也可以放在室外。

一个自然艺术游戏区可以帮助儿童将认知思维能力从简单扩展到复杂。请尝试下列想法：

● 让儿童画一些有明显自然变化的图片——如天气或季节的改变——而非写出来。儿童可以向全班解释他们的画作。

● 分享来自不同文化和国家的艺术品。聚焦著名艺术家，如克劳德·莫奈（Claude Monet）、文森特·凡·高（Vincent van Gogh）、费思·林戈尔德（Faith Ringgold）和佐治亚·奥基夫（Georgia O'Keeffe）。当儿童研究这些画作时，他们将从艺术作品中获得灵感。还可以分享其他艺术作品，如吉的《弯曲的被子》、因纽特人雕塑以及非洲或亚洲面具。

● 鼓励儿童在他们的作品上签名。分享艺术家在画作上签名的例子。

温馨提示

可以玩有关蝴蝶或小鸟的游戏：找几个大的冰箱包装箱，将它们切成薄板，让儿童张开双臂仰卧在上面。从脖子开始，沿着儿童的周围，而不是沿着手臂下面，画一条从手腕到腰部的直线，然后再从两边向下画到膝盖。然后让儿童把翅膀剪下来装饰一下，用粗绳将翅膀系在他们的手臂上（Sobel，1996）。扩大活动范围，在装满薄板的塑料泳池中搭建适合儿童尺寸的巢穴（nests）。

戏剧游戏。幼儿需要时间做白日梦并实现这些梦想。把戏剧游戏中心改造成刺激性的、自然风格的区域，如兽医诊所、住着丹尼熊的黑暗洞穴、秋季蔬菜摊或夏季露营地。儿童可以制作面具，跟随音乐装扮成丛林动物，讨论并重现蜜蜂的摇摆舞——蜜蜂使用摇摆舞与其他蜜蜂交流食物的位置和品质（Danoff-Burg，2002）。摇摆舞的服装和道具没有限制。鼓励儿童在网上进一步研究摇摆舞。乔安娜·科尔（Joanna Cole）和布鲁斯·德根（Bruce Degen）的《蜂巢里的魔法校车》（*The Magic School Bus Inside a Beehive*）是一本介绍蜜蜂行为的好书。

语言与读写游戏。一个丰富的文字环境对儿童语言和早期读写能力的发展大有裨益。为儿童提供一个可以休息和阅读自然杂志的休闲区域，如《你家的大院子》（*Your Big Backyard*）或者《护林员瑞克》（*Ranger Rick*）（来自美国野生动物联合会）、班级自制的自然书、彩色地图、花卉或植物目录。展示插图精美的儿童书籍，培养儿童们对自然的热爱，如贾尼里·梅·伍德里文（Janice May Udry）的《树真好》（*A Tree Is Nice*）、安妮·梅兹尔（Anne Mazer）的《小蝾螈，睡哪里？》（*The Salamander Room*）以及埃里克·卡尔的所有作品。在阅读区投放舒适的枕头、椅子和被子，鼓励儿童分享故事。准备好放有自然物品的盒子，如动物木偶、带有动物角色的法兰绒板以及自然故事和歌曲的光盘。

天气图表游戏站。儿童对天气有着天生的好奇，观察和感受炎热、微风、飘雨以及白雪可以很好地满足他们的好奇心。有些问题他们总会问道："天空有多大？""为什么下雨后虫子们会出来？"让儿童轮流担任天气播音员，在一张大纸上画出每天的天气，然后用录音机录下来在班级中播报，再轮流分享和讨论观察结果。

电脑和科技游戏站。包括一个提供具有发展适宜性自然软件的区域。当你选择软件的时候，想想这个主题是否对儿童有吸引力，试着回想一下这个主题对小时候的你有什么吸引力。今天，创新性的基于自然的软件带来了无限可能。除了电脑软件，还可以搭配使用视频、网站以及有声读物来进行指导。

　　好玩的窗口观察。季节性的天气变化非常适合窗口观察。在窗户附近设立一个定点观察区域，儿童可以在那里观察悬挂着的喂食器、喂水器、花园或一棵满是筑巢鸟的树。再放一些家具，如凳子和梯子。其他窗口观察的想法包括：

● 在教室窗户边做一个泥土浴室，在泥土中挖一个浅坑，把泥土弄碎，这样鸟儿就可以在里面洗澡了。

● 把一个小垃圾桶做成喂水器，里面总是装满水供小鸟喝。

● 让儿童从窗口观察云朵，在自然日记本里画出他们看到的东西。

二、建立实践学习中心

　　户外活动对儿童来说非常重要。在户外活动时，儿童可以自由探索，自行选择活动内容，在没有教师干预的情况下发挥自己的想象力。大自然可以被带进教室，变成迷人且高效的课堂学习中心。这里所谓的学习中心不同于前文所述的自由游戏的自然角，学习中心是具有特定目标导向的。鸟类实践中心就是一个很好的例子。晚秋和初冬时节，当树叶掉落后，很容易在树上找到空鸟巢或蜂巢。收集几个空鸟巢，让儿童小心地剥开一个看看。让儿童观察鸟巢是如何构筑的，与他们讨论为何有的鸟巢是精细缠绕而成的，有的是松散搭建的，而且它们还有各种不同的尺寸。具有实践性、基于自然的学习中心带给儿童无限可能。

　　食物中心。新鲜的食材可以促进自然探索。无论是烹饪食物还是观察食物，都涉及感官技能的使用。将文化多样性带入课堂食物中心，可以激发出一系列美味。可以试试烹调以下食物：姜饼人、玉米饼、馄饨、华夫饼、炸面包、炒菜、哈拉面包、薄煎饼、百吉饼、意大利面、玉米粉丸子①、土豆饼和面包。将食谱与故事书、童谣和民间故事联系起来，发挥创造力，制作"彼得，吃南瓜的彼得"面包或"神圣魔力"鳄梨酱。准备一次品尝自制食物的活动，当然，首先要征得家长们的同意，并且留意儿童对个别食物过敏的情况。

为了能在教室里烹饪，不要弄得很复杂。食谱尽可能简单，材料也要尽量少。为了烹饪的高效和便利，最好有一个炉子和小冰箱。像牛奶和鸡蛋这类容易变质的食物可以放在冰箱里。通过鼓励儿童画画、记录或分享他们家人平时喜欢的食物，可以将读写能力的锻炼融入食物中心的活动中，儿童之间还可以比较各自绘制的食物草图。

> **温馨提示**
>
> 在一个温暖的春日，把沙葛粒、无籽西瓜粒和酸橙汁混合在一起，制成一种清爽的户外美食。撒上新鲜的香菜叶、芝麻和苜蓿芽。问一些诸如"这是什么"的问题，并讨论这种墨西哥小吃的材料都是在哪里生长的，是如何生长的。

分类中心。基于儿童探索自然世界的渴求而设立的学习中心可以提供很多学习机会。分类中心可以激发儿童的好奇心并促进他们科学技能，如观察、比较、组织和分类等的发展。在分类中心，儿童可以使用大小、测量、形状和位置来构建模式图案。可用于分类的物品非常丰富，如：

- 任何种类的叶子
- 向日葵、南瓜、栗子、豆类和芝麻的种子
- 可以沉入水中或浮在水面上的物体，如大理石、松针或揉成团的铝箔

（Moomaw & Hieronymus，1997）

---

① 一种鱼雷状玉米粉丸子，美国佛罗里达南部的传统美食，通常会和炸鱼、牡蛎、小虾和扇贝一起做午餐或晚餐。——译者注

　　植物中心。在教室里展示各种植物，让儿童给植物浇水、修剪枝叶，这是一种简单而奇妙的激发（ignite）教室中的自然探索的方式。儿童会喜欢观察简单的植物，从根系和生长过程到生命周期和物种分类。在植物中心育芽不需要园艺工具，可以直接用手。把昆虫和植物中心结合起来，收集毛毛虫、蚂蚁或苍蝇，把昆虫放在透明的外卖（deli）塑料盒里。利用这些额外的课堂资源培养小小科学家和小小博物学家们对昆虫和植物的兴趣。《彼得森北美昆虫第一指南》（*Paterson First Guide to Insects of North America*）是很好的参考书（Danoffburg，2002）。

　　亲水中心。一款基础的亲水桌可以强化许多数学和科学技能，同时还能进行有效的自然游戏。儿童可以在亲水桌上制作泡泡，或者给液体加入玉米淀粉来增稠。亲水桌可以用萃取液进行染色或调香味。一款成功的亲水桌可以教给儿童空和满、厚和薄、浅和深、大于和小于、重和轻、之前和之后等概念。

　　土壤中心。土壤中心形式多样，应该始终包含高质量的土壤（避免土壤中存在不安全的碎屑）。土壤中心的目标是让儿童探索和体验各种土壤元素，可以使用天然黏土、泥土、泥浆和沙子。提供多种工具供儿童使用。可以试试这个活动：让儿童把少量的土倒入平底锅中，可以用饼干切刀，也可以用诸如鹅卵石或小树枝之类的自然物画出他们的设计。帮助儿童在他们的设计中撒下种子，然后用喷壶给种子浇水，用塑料薄膜松散地盖住平底锅，放在阳光下。当种子、水和阳光相遇时，儿童很快就会看到土壤的力量。让儿童用黏土和沙子等其他类型的土壤继续实验，看看种子是否发芽，记录下结果。

温馨提示

豆子是适合儿童栽种的简单植物。它们可以种在户外，种在小丘上，或成排种，或种在杆子上（or rows or on poles）。豆子比较大，儿童可以轻松拿起来。展示和讨论不同的豆子品种，如绿豆、黄豆、利马豆（黄油豆）、蚕豆、黑眼豆（豇豆）和大豆。

孵化中心。把几个鸡蛋放入孵化器，设置孵化倒计时日历，让儿童监测（monitor）并观察鸡蛋的大小、形状和颜色的变化。当鸡蛋孵化时，让儿童关注小鸡是如何从蛋壳里出来的，并在自然日记中记录观察结果。小鸡孵化后，扩展孵化中心，给小鸡们提供活动空间。讨论小鸡宝宝们吃什么，以及为什么它们需要持续保温。把小鸡们带到农场放生（release），带儿童去小鸡们的新家实地考察。

三、野外考察、自然远足和户外障碍课程

当儿童被允许自由探索、冒险、创新、大声喧哗和不修边幅时，学习会更有意义（White，2008）。为儿童安排野外考察、自然远足和障碍越野等，这些对他们来说是非常好的户外活动。大自然的多姿多彩使这些活动富有意义。这是一种非常棒的途径，它通过赋予儿童实实在在的经验，为他们在教室之外的学习添砖加瓦。儿童在尽可能多的情境中，运用他们的所有感官与大自然互动并且在这个过程中创造出他们自己的游戏新想法。出发前，教师可组织团体讨论，问一些开放性问题来激发儿童的思考。探险结束后，让儿童在自然日记中记录自己的经历。如果你有足够多的家长志愿者，可以分成多个小组开展活动，这样儿童跟自然、同伴之间有更多的互动。可能的话，对路线进行提前踩点，以便更好地回应儿童的问题。

（一）野外考察

野外考察是任何儿童课程的重要组成部分，而且必须有一个对儿童有意义的课程目的。野外考察是课堂活动的延伸，应保持简单可控，且对儿童来说具有发展适宜性。计划一次有效的野外考察时，需要考虑很多事情：时长，儿童的安全、年龄、注意力持续时间、特殊需求和兴趣水平，需要多少成年监护人等。

野外考察应包含后续活动，具体可考虑以下几点：

● 让儿童制作剪贴簿或者做一个与冒险有关的自然项目，鼓励他们把野外考察中采集的自然标本粘贴在剪贴簿上。

● 考察苹果园或玉米地后，在晚上组织一个家庭宴会，鼓励每个家庭带上他们最美味的食物交换品尝。

● 做一幅壁画，让儿童画出他们野外考察中最喜欢的部分。

● 让儿童给这次考察的主办方写感谢信。

● 计划一次淡季旅行，比较行程间的差异。

在野外考察中，儿童可以成为鸟类学家、地质学家和考古学家，没有任何限制！还有以下建议供参考：

博物馆。从艺术到自然、历史，博物馆涵盖了许多探索主题和令人兴奋的亲身体验，是培养儿童好奇心的好机会。通过规划参观前后的活动，可以帮儿童做好博物馆之旅的心理准备，还能巩固新知识点和兴趣点。请参阅第四章，了解为儿童准备博物馆之旅需要用到的问题清单，这些问题同样适用于野外考察。

伐木场。到伐木场进行野外考察可以让儿童直接了解木材加工技术。在现代化的伐木场需要戴上安全帽和耳塞，可以让儿童在保证安全的前提下观察不同的树木（如枫树、山毛榉和橡树）是如何加工成木板、木片和锯末的。尽管噪声很大，儿童仍会惊叹于这套机械系统，同样他们也会对新鲜锯末、剥下的树皮和原木感到新奇。伐木场的野外考察需要几位监护人。

农场。农场生活可以提供趣味性的园艺知识和感官活动。农场生活会使儿童面临一个他们并不熟悉的日常生活体验，如给奶牛挤奶或喂鸡。农场里的动物，如猪、马、鸭、小鸡、母鸡和公鸡，需要不同的照顾方式，这会给儿童带来无穷的探索空间和问题。在农场的野外考察还可能会有采摘新鲜蔬菜和推独轮车的机会。

温馨提示

在新耕种的土地上玩耍——尤其是穿着长筒袜时——对儿童来说会是一种奇妙的感官体验。可能的话，让儿童观看农民耕种，向他们说明翻耕和培育农田土壤的必要性。

采摘田。儿童喜欢南瓜和浆果的采摘田。无论采摘田在什么位置，有什么类型，在那里的经历都会培养儿童的好奇心。和儿童讨论采摘田里植物的生长、授粉和采摘程序。到南瓜和浆果采摘田野外考察时，儿童有机会乘坐干草车、触摸牲畜栏、深入玉米田，以及采摘新鲜农产品。南瓜和浆果采摘田可以使秋天的野外考察变得十分精彩。

果园和葡萄园。到苹果园进行野外考察，对儿童来说是一个了解苹果如何从种植到分发至杂货店的第一手资料的机会。当儿童参观苹果园或葡萄园时，他们会有一种课堂上体会不到的感官体验和触觉自由。野外考察后可以选取新鲜的苹果自制苹果汁和苹果酱。在秋天参观完以后，到了春天再来一次，这样儿童可以观察果树的生长过程。为果园野外考察做准备，设立一个苹果种子分类活动或者提供一盘不同品种的苹果让儿童品尝。

温馨提示

作为野外考察的预热活动，讨论与这次活动相关的问题，并为答案绘制图表。可以参考下列问题：我们目前对苹果和苹果园了解多少？你认为在苹果园里能看到什么？对于苹果园你有哪些疑问？

玉米田。参观储存玉米的粮仓会激发儿童天生的好奇心。在玉米田的野外

考察中，儿童能够研究玉米和玉米须。让儿童在玉米迷宫中跋涉，采访种植玉米的农民，比较一下印度玉米和甜玉米。在玉米田里可以玩的游戏是无穷无尽的！

温室。一株开花的植物会带来惊喜，它会立刻吸引儿童的注意力，并激起他们调查的欲望。参观温室可以让儿童体验在不同阶段、不同大小和不同生长条件下的植物。如果可能的话，可以多次参观，观察和记录幼苗的生长情况。让儿童把他们的幼苗移植到班级花园里，玉米和向日葵很容易移植，只要最少的照料它们就能从小种子长成大植株。另一种能让儿童在短时间内目睹植物整个生命周期的植物是莴苣。莴苣长得非常快，它的整个生长周期只有几周。

温馨提示

带儿童去松林农场进行一次精彩的季节性野外考察，让他们比较树的大小，搜集零散的针叶，画出他们最喜欢的树的草图，蒙着眼在伙伴的带领下行走并进行轮换。鼓励蒙眼的儿童倾听脚踩到松脆、干燥的针叶时发出的声音，闻一闻松树的气味。

蜂蜜农场。蜂蜜农场之旅可以学到很多宝贵的知识。和儿童们讨论授粉、蜜蜂在农场中的重要性、蜜蜂的行为以及蜜蜂如何采集和制造蜂蜜。一起阅读简和迈克·贝伦斯坦（Jan & Mike Berenstain）的《贝伦斯坦熊的班级之旅》（*Berenstain Bears's Class Trip*），这是一个儿童喜欢的简单预热活动。熊哥哥的班级要去蜂蜜农场旅行，熊爸爸和熊妈妈是这次旅行的志愿者。可以通过自然日记上的相关写作或绘画活动来跟进故事。

宠物商店。观察本地宠物店里满是青蛙、蛇、蜥蜴、蝾螈和各种各样的鱼的水族箱，对儿童来说是一次简单的野外考察。儿童会把这次冒险看作是一个有着海龟、兔子、变色龙等动物的迷你动物园。在去宠物店之前，可以让儿童观看公共电视网（PBS）、学习频道（TLC）或探索频道播放的简单的儿童自然节目，这是非常好的准备。做好野外考察的后续活动，可以让儿童把宠物带来学校，组织一个班级宠物游行，并邀请其他班级参加。

到海边或户外露天剧场进行野外考察对幼儿来说也不是不可能。这两类活动都需要许多监护人的参与，但对儿童来说，这些地方也是收集自然标本和数据、讨论观察结果的好去处，比如参观社区里的玫瑰花园。

（二）自然远足

自然远足可以引导儿童走向美妙的感官挑战，如在茂密的草地上行走，在倒下的圆木上站立并保持平衡，或者感受阳光照射在脸上的感觉。当儿童以新奇的方式参与这些活动时，他们将学会集中注意力以及更好地表达自己的想法。自然远足还可以促进感官意识和各种其他技能的发展。花点时间和儿童讨论并评估他们徒步旅行时的经历，让他们使用数码相机拍照并将照片放进自然日记中。给儿童单独的袋子存放自己的"宝贝"，这样当他们沿着一条小路走的时候，可以收集许多不同的自然标本，后续还可以让他们贴上标签进行分类。以下是一些野外远足的建议：

主题远足。在主题远足中，让儿童专注于一个特定的主题，如自然的颜色、阴影、种子、昆虫、季节的标志、树木或鸟的类型。将主题远足与艺术项目结合起来。在一次"颜色"远足后，让儿童混合颜料，使其与他们观察到的颜色匹配，然后用这些不同的颜色绘画。

字母表远足。把儿童分成小组，每个小组有一名队长。远足过程中，任何一队的成员按照字母表依次寻找以某个字母开头的自然物（现象），并说出它的名字，队长负责把这个词记下来。在远足结束前说出字母最多的队伍获胜。

感官远足。远足时，让儿童把注意力集中在他们听到或感觉到的东西上。问他们"你能听到鸟儿啁啾、风的呢喃、啄木鸟的啄食声，以及蟋蟀发出的声音吗？"，蝗虫也能发出明显的声响。让儿童体验树皮、树叶、草和岩石的触感。如果可能的话，有目的地让儿童在厚厚的泥中跋涉，或走进凉爽的河水，捉小龙虾、小鱼或蝌蚪，这些活动能够吸引他们感官，提高他们的感官意识。

儿童喜欢采集蒲公英这样的花朵，和他们从不同感官的角度进行讨论并比较蒲公英头和蒲公英球之间的差异。

温馨提示

在感官远足时，让儿童寻找橡子、落下的树皮块、松果和松叶以及各种形状和大小的树叶。让儿童摸一摸树桩和冰冷的泥土。带上放大镜、双筒望远镜、太阳镜、万花筒、蝴蝶网和棱镜来强化感官远足。鼓励儿童倾听声音，如鸟儿的啁啾声、风的呼啸声、狗的吠声，或者踩到干树叶上的嘎吱声。回到教室后，把收集到的物品用绳子和衣架悬挂起来，还可以用它们做成一幅自然拼贴画。

搜索远足。在搜索远足时，让儿童专注于在空中、地面或溪流中发现的野生动物，寻找它们的足迹、粪便以及其他生命迹象。儿童可以在自然日记里画出他们的发现，或者在更大的表格中进行比较。带上一本《黄金指南》① (*Golden Guide*) 的袖珍书，用其来解答儿童对发现的物品或未知的植物的问题。

清理远足。组织一次清理周围环境的远足活动，如当地的公园、自然步道或学校操场。为每名儿童准备垃圾袋和非乳胶手套。把垃圾回收项目和清理远足结合起来。

温馨提示

皮塔饼是一种很适宜儿童远足的小吃，把它切成两半，里面放上切成薄片的火腿、奶酪和各种蔬菜。

"我是小侦探"远足。当儿童使用观察技能回答自然中事物是如何运作的问题时，他们可以获得有关自然的知识，并创造有关自然的理论。用"我是小侦探"的远足活动来关注自然中的小细节。让儿童观察蜘蛛网或者从人行道裂缝中冒出来的蒲公英。让儿童寻找名字以字母 B 开头的东西。使用木偶道具，如

---

① 这是一套于 1949 年面世的介绍动植物以及其他自然知识的书籍。——译者注

贝沙甲虫（bertha beetle），用来强化自然和识字之间的联系。

植物远足。让儿童在远足中尽量寻找不同的植物，要告诉他们可能会遇到的有毒植物。儿童可以在植物远足活动中运用他们的感官来了解植物世界。让儿童闻一闻各种花朵，或者拿一片叶子、茎或根闻一闻；感受树皮和树叶的纹理；躺在地上，抬头看看树木枝叶形成的图案。

温馨提示

鼓励儿童尽可能多地使用形容词来描述他们在自然中散步时看到的东西，可以口述也可以记录在自然日记中。如，一名儿童说："克罗斯太太，我看见一只蜘蛛！"你可以做出更长的回答："哇，它看起来像我们上周在操场上看到的八条腿的毛茸茸的蜘蛛吗？"

颜色匹配远足。从当地一家油漆店收集各种颜色的油漆色卡，让儿童在徒步旅行时将色卡和室外的自然颜色进行配对，在自然日记中绘制并记录下来。

观鸟远足。观鸟远足时，让儿童观察鸟并画出来。在屋檐、树上或者电线杆上寻找筑巢的小鸟。为自然日记或者板报介绍诸如迁徙、羽毛和嬉戏等词。讨论一只鸟的身体的基本结构，让儿童在鸟身体的各部分贴上标签。描述鸟类时，儿童将从学习使用适当的术语中受益（请参阅图 2.2）。讨论当地的物种。让儿童听鸟叫，比如市区常见的鸽子。在进行远足之前，做一个创新的身份转换游戏，让儿童像鸽子一样走路、摇头、拍动翅膀（手臂）。

鸟冠
眼睛
鸟喙
颈
背
翼
胸
尾
腹
腿
爪

图 2.2

　　种子远足。在植物凋零的秋季，最适合玩发现种子的远足活动。让儿童寻找各种大小、形状、颜色和纹理的种子，和他们讨论种子发芽需要水、温度、营养物质和空气。有了大量的种子，儿童可以为音乐区制作拼贴画和沙锤，也可以在他们的手指画作品上使用种子。

芳香远足。 带儿童在学校操场或附近进行芳香远足，看看他们能辨别出多少种气味，如潮湿的土壤的气味、阵雨后的新鲜空气或者花香这些气味都是可能的对象。

（三）户外障碍课程

儿童需要户外活动。正如简·怀特（Jan White，2008）所证实的，儿童的"思想和身体在自由进入刺激性的户外环境时成长最佳"。户外障碍课程是一种实践体验，在这种体验中，所有年龄段的儿童都将受到多感官和多样性的发展挑战。障碍课程鼓励儿童和同龄人合作，发展空间感知能力，提高大肌肉运动技能，社会情境还可以提升他们的谈判能力（Griffin & Rinn，1998）。障碍课程成功的关键是让儿童参与其中。障碍课程的难度应略高于儿童的发展水平（Griffin & Rinn，1998）。在构建障碍赛道的过程中仔细观察可以让你很快意识到课程的难易程度。应在建设障碍赛道的过程中始终优先考虑严密而适当的监护以及安全事宜。户外障碍课程的其他目标应包括：

- 为创造性社交游戏提供户外体验
- 促进体育运动
- 鼓励探索和冒险
- 鼓励解决问题

1.障碍赛道设备

障碍赛道设备仅受空间和想象的限制，可以按照以下建议开启项目或者从中获取灵感。

温馨提示

在天气恶劣的日子里，可以在室内利用椅子、铺有毯子的桌子、枕头和方块地毯设置一个简单的障碍赛道。给儿童演示室内的比赛路线，鼓励他们在各自完成障碍课程时相互加油。

● 大多数汽车商店都有**废旧轮胎**。轮胎在障碍赛道中有多种用途，包括搭建迷宫和作为支撑其他赛道物品的重物，如安全垫。为障碍赛道构建一个轮胎通道。布置三到五个轮胎，在每个轮胎里装满各种游戏物品和感官材料。如，在 1 号轮胎里放上湿沙和雪花片，在 2 号轮胎里放上积木，在 3 号轮胎里放上各种玩具汽车和玩具卡车。在废旧拖拉机轮胎上涂上闪光漆就是刺激的游戏设备。

在儿童游戏中使用轮胎时，一定要将轮胎放置好，以免积水，不然会滋生蚊虫还要注意橡胶轮胎中的挥发性有机化合物或重金属。为了防止儿童暴露在这些危险中，要确保轮胎没有裂纹或缺口，保持轮胎表面清洁，并检查上面是否有玻璃和钉子，在上面钻孔以排掉雨水。

● 把**废旧船只或独木舟**埋在地里作为一个创造性的障碍赛道游戏站。添置一些激发创意的物件，如儿童钓竿、渔网和装满橡胶虫的钓具盒。从一个旧婴儿车上取下轮胎（最好是一个大的全地形胎），作为海盗探险的方向盘。别忘了准备望远镜和一块"步行跳板"！

● 提前告知的话，大多数杂货店都会把**装牛奶或面包的塑料箱**留给你。箱子必须坚固，因此不推荐把百货商店里用来装饰的箱子作为障碍赛道。牛奶箱可以用来放置游戏用的小物件，也可堆起来做成隔离墙。

● **电缆盘**有多种尺寸，可向有线电视公司索取。某些电缆盘中心是纸板材质的，这类电缆盘结构太脆弱，不建议使用。用在障碍赛道中的电缆盘必须坚固耐用，能够经受得住恶劣天气和儿童的体重。电缆盘可以用作座椅、舞台或美工桌。

● 试试**呼啦圈**！当儿童用他们的身体探索呼啦圈时，无论是踏进呼啦圈还是跳出呼啦圈，或是将呼啦圈抛向空中，都会发展他们的空间意识（Odoy & Foster，1997）。还可以把各种各样的呼啦圈在地上摆出图样。玩的时候确保儿童交替方向游戏。让儿童单脚跳或在空中挥手，扮成大袋鼠或小兔子跳过呼啦圈。在户外障碍赛中，使用呼啦圈的方式和轮胎一样：让儿童跨过呼啦圈或者用结实的绳子把呼啦圈挂在树上，抛球让其从呼啦圈中来回通过。呼啦圈还可以用来悬挂发声物体，如儿童可以敲响的金属茶壶。胶带和淋浴环可以保护挂在呼啦圈上的物品。也可以用传统的方式使用呼啦圈或者把呼啦圈滚来滚去。

● 大多数电器商店都乐于为学校**捐赠大盒子**，儿童可以在上面画冰箱、洗衣机和烘干机。教师可以在上面有创意地裁剪出门窗，为什么要剪一个无聊的长方形？完全可以剪一个拱形门嘛！窗户也不要用正方形，可以剪成白云的形状！儿童对奇形怪状的事物会有所反应和联想。电器箱也可以用来做洞穴、隧道或者迷宫。将纸筒做成潜望镜或者望远镜，儿童可以轮流坐在箱子里，由其他人推着前进。（确保上面的钉子都用胶带挡住尖头）将电器箱切成薄板，还能用作舞台地板或者做戏剧服装。

● 把**塑料垃圾桶和水桶**做成隧道。把它们的底部剪下来连在一起，用海绵球或沙包玩水桶弹球。把几个塑料桶倒放，在上面放一块毯子，做成洞穴、狼窝、潜艇，甚至蜂巢。儿童也可以钻进干净的塑料桶在操场上打滚。

● 没错，**排水槽**！可以在建材商店买到便宜的塑料排水槽或排水管，这类排水设备通常安装在屋顶上用于排放雨水，因为重量轻、表面光滑且是曲面结构，对儿童来说很安全，可以作为儿童游戏的理想材料。儿童可以把沙子和水倒进管子里玩，也会喜欢把乒乓球、大理石块或豌豆放进去看着它们滚动。向排水沟游戏站添加水罐、水壶、水桶和梯子等辅助材料。儿童在这个游戏中可以观察到奇妙的科学现象。

● 使用**方形地毯**作为户外游戏的垫板。大块的地毯可以为木偶剧和戏剧表演创造一个户外舞台。在大橡树下讲故事和分享游戏道具的时候，方形地毯堪称完美的户外座位。制作一条小路，用细树枝和地毯做出创造性的模式。让儿童穿着袜子在小路上行走，以获得丰富的感官体验。

● **袋鼠跳**——还原版的！在障碍赛道上放一个大袋子，让儿童双脚套在袋子里，跳跃前进进行比赛。这是一个增强身体力量和平衡的好方法，儿童在玩耍中不知不觉得到了锻炼。

● **楔子和垫子**——户外跌倒的保护装置，以及障碍赛道的外部缓冲区。垫子可做成坡道、斜坡、小路或地面，楔子则是游戏区域或玩具车道的边缘挡板，它们很容易清洗——使用后让儿童用水管冲洗即可。

● **塑料泳池**——一个美妙的全身感官体验区！用各类感官球、方形地毯、小枕头和泡沫塑料包装件填满一个旧的塑料泳池。填充感官泳池的材料还包括：
  ▼ 彩色棉球
  ▼ 工艺羽毛
  ▼ 玉米粒和豆子
  ▼ 大米
  ▼ 小的粘粘球
  ▼ 小的触觉玩具
  ▼ 柔软的海绵
  ▼ 塑料包装的花生
  ▼ 带凹凸材质的球
  ▼ 小的按摩球

● **木板和平衡木**非常适合用来走钢丝或者爬斜坡。比起走平地通过木板和平衡木，儿童可以创造性地从上一个活动环节走进下一个活动环节中。湿沙坑加上木板、石板和圆木，可以在障碍赛道中迅速造出一个砌砖站。

● 我还没有遇到过一个不喜欢**迷你蹦床**的儿童。这种障碍站很简单，而且能促进儿童锻炼身体。为儿童准备一箱乐器，供他们在跳跃时拿着摇晃。

● 大的**卷地毯的管子**可以从地毯店购买，锯成段后做成一个令人惊喜的障碍赛道。儿童可以推球穿过管子，这是很好的精细动作练习。在推球游戏中可以提供各种球供儿童选择，他们会热衷于选择自己喜欢的那个。

● 为儿童制作一条**落叶**小径，沙沙作响的落叶不仅能让儿童感到愉悦，声音也会令他们惊叹不已。把叶子弄湿可以增加运动量（湿叶子比干叶子重）。

● **不同材质的脚垫**可以为儿童打造出色的感官障碍赛道！商店中提供的石板可以很容易铺成小径，坚固的金属平底锅或者旧飞盘也能做铺路材料。再加点其他材质的物品，比如砖头、面包箱、木头、块状油毡、大瓷砖、木屑、砾石、草皮块或者石板，建造一个感官通道。要将脚垫固定好防止滑动。增加一点用垫子和楔子做成的隧道或者适合儿童年龄的坡道，可以强化赛道的体验。

● **圆锥形帐篷**——可以在赛道中提供一个安静的休息区。许多儿童会为独处寻找地方，另一些只是单纯地喜欢私人的、隐蔽的场所（Wilson，1997）。在障碍赛道沿途设置一处圆锥帐篷，作为放松和休息的地方，或者在障碍赛道的终点设置一处也可以。使用木板、PVC管和坚固的织物，提供一些水和小点心。为了增加艺术吸引力，还可以在帐篷周围放上向日葵和丝带。在帐篷边加一个读书吊床，再在旁边放一把大的遮阳伞。

温馨提示

在障碍赛道上提供一些被动的游戏机会。座椅和休息处能让儿童有机会坐下来观察鸟类和自然。放置一个装满潜望镜、望远镜和指南针的游戏箱或道具盒，供儿童探索（McGinnis，2002）。甲板和活动区平台可用作障碍赛道上的集体游戏或室外绘画场所。

● **麦秆堆**可以做成漂亮的障碍赛道迷宫、花坛、围墙和堡垒。你见过麦秆堆成的小山吗？把它们按顺序码放好，码得牢固一点，供儿童攀爬。麦秆堆还可以当作座椅或者简单的藏身处。儿童喜欢分段式的景观设计，这会大大激发

他们的游戏创意和"跳上跳下"的想法。参考图 2.3 有关麦秆堆分区的做法，在障碍赛道中创设出一个游戏区域。

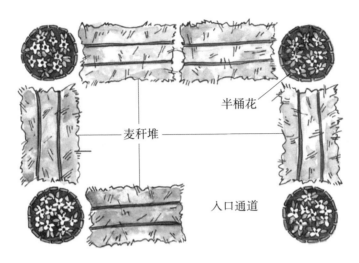

图 2.3　麦秆堆摆放示意图

● **旧的白床单**可以从慈善商店购买或者受赠，是创作绝佳的户外文化或艺术墙的材料。把床单牢牢固定在学校的墙上，让儿童用湿泥巴和沙子的混合物在上面作画，作画工具可以是墙纸刷、喷雾壶和海绵。为那些想在床单高处作画的儿童提供梯子。还可以在野餐桌上铺上床单，让儿童用粗画笔在上面作画。旧床单可以作为户外覆盖物，在晴天里遮挡阳光和炎热。儿童可以用白色床单和其他织物做成庇护所、斗篷和宫廷服饰。给儿童各种大小的画笔，让他们用泥巴弄脏床单——这可能显得混乱不堪，但会激发他们的感官。

温馨提示

　　自然让儿童的想象力在玩耍中蓬勃发展。城堡里住着公主或仙女，这让童年变得难忘。把旧床单挂在树上或者覆盖在箱子上，鼓励儿童进行各种游戏创意。提供多种尺寸、颜色和材质的床单，鼓励儿童创造自己的游戏场景。通过故事书和户外冒险演示来培养这类游戏中的冒险精神。把竹竿靠在学校房屋边上，可以想象成《杰克和豆茎》(*Jack and the Beanstalk*) 的故事。在想象区周围布置景观织物、覆盖物、树皮、鹅卵石和豆科植物。

● 自然可以帮助儿童进行放松。用**野餐桌**吸引儿童感受自然的魅力。把野餐桌放在树下或花坛边，布置成一处倾听中心。将一个野餐桌作为户外中心，用来放置按颜色编码的罐子，这会是有意义且个性化的教具。这类教具会自然而然地鼓励儿童解决问题，随时随地开展活动，这些是有研究依据的（academically sound investment）。主动给这些教具拍照。

● 一根固定在地上的**长杆**可以成为障碍赛道中的绳球或五朔节游戏柱[①]。两根立得相当近的杆子可以拴上晾衣绳，挂上幕布，当作户外舞台，用于表演戏剧小品、歌舞和演奏音乐。在舞台地板上铺一块大地毯，提供一台卡拉OK机和一个麦克风。也可以用木制托盘和面包箱建造舞台，再找一个大盒子，用来装各种配饰，如帽子、玩偶、服装和珠宝。

● 用各种颜色的**牛仔比赛风格的酒桶和雪糕筒**作为三轮车的骑行道路，这样可以有较大运动量。用小沙堆制作一些用来躲避的弯道、之字道等。设置一些旗帜和交通标志让儿童认识并遵守。制作一些可供儿童进出、停靠的车道以及站点，如柠檬水摊或"洗车点"。让儿童在运营站点和赛道骑行中轮换角色。浅色酒桶或雪糕筒的美丽之处在于它可以变成任何东西。

温馨提示

把篮子系在儿童三轮车上，这样当儿童在障碍比赛的过程中发现有趣的东西时，可以停下来收集他们的发现。

● 大的**塑料浴盆**可以让室外戏水游戏充满乐趣，特别是用巨大的泡泡圈吹泡泡，还有通过感官道具挖掘或筛选物品，如将树叶、种子和沙子混合后进行游戏。将浴盆摆成一圈，分别装满泥浆、沙子、水和软土，这样可以创造出一个独立的游戏课程。围成圈后用途很多，如，在1号浴盆中倒入混有鹅卵石的湿沙，儿童可以用平底锅当筛子，在浴盆上贴上"1号金矿"的标签。在2号浴盆中倒入稍干点儿的沙子，放入一些小桶和铲子；将3号浴盆装满混有花瓣、树枝和闪亮宝石的彩色细沙。不同材质的物品对儿童来说是不一样的，就像湿

[①] 五朔节人们在仪式上跳舞的装饰杆。——译者注

沙和干沙有着明显的区别。在浴盆里装满肥皂水，让儿童用超大的海绵清洗教室窗户，并用毛绒毛巾擦干。不使用浴盆时用防水布盖起来。

> **温馨提示**
>
> 　　将传统游戏融入障碍赛道中。如扭扭乐、音乐椅、123 木头人（Freeze Tag）、雷德洛夫（Red Rover）[①]、律动操、拔河、勺子托鸡蛋、丢手绢、青蛙跳和红绿灯。

2. 障碍赛道站点

以下是障碍赛道中常设的站点。请自始至终都要考虑安全性、年龄适宜性和监护水平。可以根据儿童的需要和兴趣进行调整，增加一些绳索、扩音筒、反光球、滑轮、梯子、悬挂棱镜和降落伞，用以布置障碍赛道周边区域。障碍物的尺寸一定要根据实际情况进行调整。如，提供一些小物品供儿童选择，像是一个放有洋娃娃家具的沙坑。摆出一些适合儿童使用的桌椅，但也别忘了提供一些较大的物品。操场中央的巨大铜锣可以上演一场后街男孩的演唱会。成功的障碍比赛可以打开儿童想象力的大门，创造"不仅 / 而且"，而不是"非此即彼"的游戏（Talbot & Frost，1989）。最后，不要忘记加点颜色的威力，用金、银、铜以及一些传统颜色将赛道布置得光辉闪耀！

● 站点 1：游戏室

户外游戏室可以只用几个电器纸箱简单布置，也可以在家长的帮助下用捐赠的胶合板把它变得奢华。让游戏室有主题是很妙的注意。纸板箱可以作为一个富有想象力的游戏小屋，四周环绕着篱笆或是高山草莓围成的边界。另一个

　　[①]　雷德洛夫是一种玩法非常简单的儿童游戏。国内没有类似的游戏，玩法为：首先，分成人数相等的两组，手挽手围成防线。其中一组从对方的组里选一个人，比方是杰克，大家喊："Red Rover，Red Rover，派杰克过来！"于是杰克离开他的队友，开始奋力冲向另一组。他的目的是冲破对方手挽手的防线。如果杰克冲破了对方的防线，他可以从对方的队伍里选一个人，一起回到自己的队伍。如果失败了，他就成为对方队伍的一员。就这样轮流叫对方组里的人，直到一方获得所有成员，即可宣告胜利。这个游戏的特点是，当最后所有的参加者都在胜组时，在游戏中没有真正的输家（摘自 blog.sina.com.cn/s/blog_621310de0100qode.html）。——译者注

想法是：建造一个边境堡垒，用木栅栏和切成薄片的原木作为通往游戏室的道路。结合创意和儿童的兴趣，这间障碍赛道旁的户外游戏室将会深受儿童喜爱。

● 站点 2：探索小径

障碍赛道上的探索小径与轮胎、平衡木、垫子、呼啦圈和方块地毯组成了一条游戏小径，儿童可以在上面跳跃、滚动以及开展其他活动。在小径上绘制图案会给儿童带来惊喜，激发他们的好奇心。把探索小径布置在花园、喷泉和吸引虫子的灌木丛附近，以激发儿童的探索欲。

温馨提示

用自然道具和捐赠的物品很容易玩想象力游戏。在游戏室的厨房里，一个装满泥球和草的大桶上可以贴上"炖锅"的标签；天然草药和植物可以用来假装炖菜和制作魔法药水。一个装满闪闪发光的宝石和光滑鹅卵石的大盒子可以贴上"边境黄金"的标签。

● 站点 3：感官坑

感官坑是室外障碍赛道的组成部分。对儿童来说，这是一种感官自助餐，将各种颜色和质地的小球和织物放满塑料泳池。按摩球 [①]（Nub ball）非常适合用于感官坑，儿童可以挤压、滚动、扔和踢这些球。填充感官坑的布料可以是粗麻布、丝绸、灯芯绒和毛巾等。

● 站点 4：隧道游戏

儿童喜欢在户外隧道里玩耍和奔跑。障碍赛道上的隧道可以作为游戏室的入口。隧道让运动游戏更具刺激性，并允许儿童创造自己的玩法。把球放进隧道里，把泡泡纸贴在隧道地板上，当儿童在隧道中爬行时，发出的声音会给他们惊喜。把两条隧道放在一起进行隧道赛跑，可以增加锻炼的强度。切下塑料垃圾桶和大的电器箱子的底部也能做成很好的隧道。

[①] 一种表面带有凸点的软球。——译者注

● 站点 5：电缆线轴桌

电缆线轴桌的用途是让儿童在室外做一些通常只能在室内完成的事。如，放在沙土区的电缆线轴桌可以当作各种形状和尺寸的塑料桶。儿童可以在这样的桌子上游戏好几个小时。电缆线轴桌的其他用法包括：当作绘画桌，带有有声读物和耳机的听力桌，或者靠近水龙头的洗衣桌，水龙头旁可以放上几桶水、洗衣布、肥皂、洋娃娃和待洗衣物。电缆线轴桌易于安装和拆卸，不用时清理一下桌面，再将其滚回储物区即可。

● 站点 6：晾衣绳

户外晾衣绳可以提供多种活动来激发儿童的兴趣。用水泥、杆子和绳子搭一根晾衣绳。晾衣绳要系在合适的高度，以便儿童能够得到，但也要高过儿童的头顶，以防绊倒受伤。用果篮、旧 CD、珠子和线轴做成风铃，刮风的时候在晾衣绳上挂上铃铛。用过期的百吉饼和甜甜圈涂上花生酱和鸟食，然后用彩色纱线挂在晾衣绳上，让儿童观察到访的小鸟。玩球类运动，类似于网球和排球，让儿童把球扔过线或在线下传球（Thompson，1994）。使用各种各样的球，包括库什球①和乒乓球。让儿童在木制衣夹上绘画，将其装饰成动物，然后把它们挂在晾衣绳上。

● 站点 7：大泥坑

在一个又大又乱的泥坑里面玩耍是童年的重要仪式。泥巴游戏鼓励儿童科学地亲身探索！在温暖的日子里，让儿童用大水桶、铲子和浇花水管自己挖一个泥坑。泥坑不能太深，游戏过程中成人一定要全程监督。让儿童穿上超大鞋套，在泥坑中跺脚嬉戏。给儿童提供掘子（用于玩泥洞游戏），游戏道具的可能性是无限的。给儿童提供玩具车、玩具恐龙、积木，用捐赠的牛奶面包箱建造桥梁。虽然不算干净，但泥坑游戏提供了绝妙的感官融合体验。游戏结束后，用浇花的水管把儿童冲洗干净。

---

① 一种围绕一个中心由很多根橡胶丝做成的玩具球。——译者注

四、结语

为了游戏水平的健康发展，儿童需要环境中的多样性和感官刺激，以及发展适宜性的实践体验（Wilson，1997）。随着越来越多的儿童在城市环境中长大，对以自然为导向、发展适宜性的课程需求越来越迫切。在发展适宜性实践中，与自然直接接触的机会仍然是课程首先需要考虑的问题。儿童在户外奔跑、跳高、跳远、欢笑尖叫，这些都是积极参与自然的迹象。儿童善于用平淡无奇的事物做出非凡的事情。结合简单的动手实践和面向自然的学习，使得课程中的自然联系成为可能。身处自然的实地考察、远足旅行和障碍竞赛都有助于为儿童提供更加亲近自然的课程。一个多感官、自然驱动体验的课堂环境，不仅能让儿童更加接近自然世界，还能让他们逐渐欣赏这个世界。

第三章

利用自然创造特别的游戏场所

一名儿童想要保持自己与生俱来的好奇心，那么他至少需要一位成年人的陪伴，和他一起重新发现我们生活在这个世界上的那些快乐、兴奋和神秘。

——蕾切尔·卡森（Rachel Carson）

从出生到六岁是儿童通过他们的感官探索环境、吸收知识，从与大自然直接接触的活动中受益（Humphryes，2000）的最佳时期。请思考一下这个简单的、自发的、没有指导的自然活动的例子：放置一个自然箱——一个装打印纸的盒子或一个大鞋盒，里面装满了令人着迷而神秘的物品，如，蘑菇珊瑚、叮当作响的葫芦、橡子、黑曜石、牡蛎壳，甚至是一只干瘪的蜥蜴！——在户外树桩上，让儿童在自由游戏时间进行观察，然后看着盒子在儿童之间不断地、自然而然地引出一些发展适宜的游戏。

设法为有想法的或胆小的博物学家提供户外活动场所。接下来的一些由自然引发的想法会激发你的想象力，特别是当你看到为儿童的自发游戏（child-driven play）提供充足的户外时间的好处时。它们还将向你展示如何开展与发展适宜的户外游戏活动，并且这些活动的目标与自然直接相关：

- 了解在自然世界中游戏的力量和重要性，以激发儿童心中对自然的热爱
- 利用自然元素，在教室内外创造有效的游戏机会
- 为儿童提供一些特别的户外游戏场所、座位、舞台和阁楼的范例，以培养他们对自然的感情（nature lover）

一、在自然中游戏的力量和重要性

苏珊·艾萨克斯（Susan Isaacs）在《儿童的社会发展》（*Social Development in Children*）一书中写道："游戏（play）不仅是儿童发现世界的方式；最重要的是，正是这种活动让他们在早年获得了精神上的平衡。"游戏是儿童健康成长的重要组成部分。这不仅是他们的工作，也是他们需要学会的。早期教育先驱列夫·维果茨基（Lev Vygotsky）认为游戏是幼儿发展的最高水平。通过游戏，儿童在创造力、解决问题、逻辑、社交技能和语言习得等方面得到发展。根据亨德森（Henderson）和阿滕西奥（Atencio）的观点，"游戏让儿童能够尝试比他们正常认知水平更高的行为、思想、经验、角色和技能。"在考虑游戏场所和特别空间时，请记住，儿童的游戏环境应该支持自然游戏，并且要持续关注儿童体验和学习的过程。自然游戏也应该激发儿童更多的探究。如，当儿童用泥土、水和沙子制作砖坯时，他们不仅体验着混合泥土、水和沙子带来的感官刺激，也在了解着令人惊叹的有关砖坯的历史，比如美国西南部的印第安人用晒干的砖块建造房屋。在儿童自己做砖之后，提出问题将自然和学习联系起来：

- 是什么使砖头这么硬？
- 砖是怎么快速变干的？
- 砖是如何使土坯房屋保持温暖的？

这样的活动鼓励儿童以多种方式调查材料，包括通过行动和问题等方式，这将大大满足儿童高质量的体验和探索（Henderson & Atencio，2007）。允许儿童在活动中使用尽可能多的感官，这样他们将更容易学习和记忆。

二、使用自然元素来游戏

自然界总是充满了简单的惊喜。在漫长的冬天过后，滚动一根沉重的木头，或者在早春的时候探头看看山毛榉的树洞。利用水、泥土、沙子、露水和雨水鼓励儿童探索、与自然界互动，在这个过程中，好奇心触发了他们的想象力，创造出更丰富的游戏。

毫无疑问，大自然本身就是课程。由自然引发（nature-driven）的课程可以让你的课堂少一些讲授，多一些引导。开放式的问题能引发进一步的调查——

"你认为为什么在这根大木头下面有这么多虫子？"教育者的任务是继续在游戏中展现热情，分享惊奇，培养儿童的好奇心。当儿童与自然界及其元素互动时，通过观察和仔细倾听来跟随他们的兴趣，这是让他们更接近自然的第一步。考虑以下的自然元素来促进户外游戏。

（一）水

海洋、海滩、河流、湖泊和水坑——水是帮助儿童学习的强大自然媒介。水可以作为流动的液体进行研究，可以冻结成冰块，也可以在本生灯（Bunsen burner）上蒸发。玩水游戏是极佳的感官游戏，给蛋糕上糖霜更是锦上添花。水可以上色、变味、变浓，还可以起泡供儿童玩耍。托马斯·洛克（Thomas Locker）的《水之舞》（*Water Dance*）和弗兰克·阿施（Frank Asch）的《水》（*Water*）是介绍多个令人惊叹的自然环境下的水的书籍。当你觉得儿童已经熟悉了玩非自然形态的水，如，在一个有杯子和漏斗的亲水桌上玩，即可转向去探索自然形态的水，如雨、露、雾、霜、雪、池塘里的水等。

1.雨

下雨的时候，户外是最生机勃勃和险象迭生的。雨是一种自然元素，蕴含着无数的机会：它可以被感觉到、闻到、尝到、听到和看到。讨论如果没有雨，美丽的世界将会多么干涸。花、树、动物和土地需要雨水才能生存和生长。把雨水收集到几个桶里，然后与自来水做比较，讨论之间的差异。额外的雨天活动包括以下内容。

在雨中玩耍。在一个有雾但温暖的日子里，让儿童在户外玩耍和嬉戏。收集各种各样的雨伞、风衣、雨披、胶鞋和雨衣等作为合适的外套。只要儿童穿着合适，不觉得冷，当然，在没有闪电的情况下，在小雨中玩耍是安全的。春天的午后，下雨时，雨滴大而温暖，可以让儿童不穿鞋袜到处跑一会儿。

温馨提示

雨后带儿童出去寻找彩虹，问他们为什么会出现彩虹。分发棱镜和水晶，引导儿童用它们来观察彩虹并围绕颜色展开讨论。

水坑游戏。在雨水坑里玩是件很开心的事，备受儿童喜爱。大雨过后或有雾的时候，让儿童穿上胶鞋，到户外去玩耍、踩水坑。把树叶和石头撒在刚下过雨的一小块地方，让儿童用手或小网把它们捞出来（网的制作请参见本书第90页）。问儿童为什么树叶会在水坑里漂浮而石头不会。阅读玛丽·林恩·雷（Mary Lyn Ray）的《红色橡胶靴日》（*Red Rubber Boot*），这本插图精美的书适合用来结束关于雨水的探索活动。

　　骑三轮车。在外面下毛毛雨的时候，拉出小三轮车和货车。踩踏板的摩擦会使水溅到儿童身上——他们特别喜欢这种感觉，可能会为了多感受这种感觉而踩得又快又猛！让儿童在潮湿的天气里骑着他们的三轮车，拉着他们的货车在各种各样的路面上行驶。试着用草、沙子和沥青来做不同的肌肉训练并增强耐力。道路要曲折蜿蜒。

　　泡泡游戏。儿童喜欢随时随地吹泡泡。在下着小雨时，这项活动更具挑战性。在泡泡溶液中加入小苏打和醋可以产生更多的泡沫。一个扩大词汇量的方法：与儿童讨论他们使用泡泡水的多种方式。它可以是从棒棒里吹出来的，从大瓶子里喷出来的，从盘子里泼出来的，从抹布里挤出来的，从滴管里滴出来的。

温馨提示

　　在第四章中有一个超大泡泡的配方。另一个泡泡游戏的想法是：在一个大桶里装满水和几勺洗洁精，为儿童准备各种各样的鸡蛋搅拌器或打蛋器，让他们制造泡沫。

　　挖掘。拿出各种儿童用的铁锹和水桶。下雨的时候，沙子和泥土较软，更容易处理，可以让儿童在上面进行深挖。此外，蠕虫和其他昆虫经常冒险爬到湿土的顶部，儿童会惊讶于蠕动的意外惊喜。可以让儿童挖完一小堆泥土后一起做泥饼。下小阵雨时，在潮湿的土壤中开辟道路，拉出小型车辆或大型卡车，让儿童推着、拉着，在沙地上"腾空"。

建护城河。当天气预报有小雨时，和儿童一起在沙箱里建一条护城河。活动中加入制作筛子的环节，在各种可回收的物品或箔纸容器上（盘子、碗、杯子或快餐包装）戳洞。让儿童观察水是如何滴落、流动或流过筛子的。

温馨提示

另一个简单的关于雨的想法是演示雨是如何形成的。用茶壶或本生灯烧水。在沸水上方，拿一个装满冰块的锅，儿童将观察到蒸汽和水滴从锅的侧面滴落（Crawford et al.，2009）。可以组织儿童围绕他们看到的现象展开讨论。

2. 露水

露水是大自然的一种美丽且神秘的元素，露水的形成需要一定的条件。与儿童讨论这种特殊情况。网站（www.pitara.com）上很好地概括了露水的形成过程："温暖晴朗的天气过后是凉爽无云的夜晚，露水就形成了。"在一个凉爽的早晨发现露水，用手指轻轻触摸它并且分享自己的感觉，这会使儿童很高兴。

温馨提示

与儿童讨论雨滴和露珠的区别。雨滴是从空中落下，露珠则是在地上形成。英格丽德·沙吕富尔（Ingrid Chalufour）和（Karen Worth）卡伦·沃思合著的《和幼儿一起探索水》（*Explore Water with Young Children*）是一本很好的资源书。详情请访问网站 www.redleafpress.org。

亲近露珠。当早晨的活动快到休息时间的时候，让儿童穿着合适的衣服，带上放大镜到户外近距离地观察露珠。此活动可以在预定的圆圈时间之前或之后进行。回到班级后，读一个相关的故事，讨论各自观察中的发现，让儿童在回家后在自然日记中画出他们的观察结果。

露水步行。告诉家长将组织一场以班级为单位的露水步行活动，请他们为孩子做好准备：带一双旧网球鞋和一双袜子。散步时，让儿童换好他们的备用鞋，穿过草地或任何植物茂盛的操场区域。问儿童当他们穿过露水时鞋子有什么变化。它们被弄湿了吗？为什么？作为延伸活动，让儿童在露水覆盖的叶子上行走。问一问儿童踩上树叶的时候，听到什么样的声音，是不是脆脆的、嘎吱嘎吱的。让儿童闻湿树叶，说一说它们的味道。让他们在自然日记上对散步进行反思。

3. 雾和霜

像露水一样，雾和霜也是令人迷惑的自然元素，这将挑战儿童的感知能力和观察能力。简单地说，雾是接触地面的云，而霜则是在寒冷表面凝结的水晶体（while frost is frozen water crystals on a cold surface）。下面分别有一个雾和霜的相关活动。

雾中呼喊。在一个大雾的早晨，给儿童穿上合适的衣服，带他们出去。让一半儿童站在操场的一边，剩下的一半站在另一边。让他们轮流喊出对方的名字，看看他们能不能辨认是谁在叫谁。找一个大一点的球，让儿童在雾中来回滚动，并试着猜出谁接住了球。与儿童讨论为什么他们看不到对方。给他们关于雾的定义，让他们在雾中行走。描写雾的图画书并不多，阿尔文·特雷塞尔特（Alvin Tresselt）的《捉迷藏》（*Hide and Seek Fog*）十分出色，可以投放在班级图书室里供儿童阅读。

> **温馨提示**
>
> 和儿童一起制造雾。这是一个成人动手、儿童观察的活动。做起来很容易！材料包括一个透明塑料瓶、热水、冰块和外用酒精。在瓶中装上三分之一的热水，加入几滴酒精，酒精会迅速蒸发，让儿童密切观察。在瓶口上放一块冰，再次让儿童观察接近瓶颈的地方会发生什么。

霜冻信。在寒冷的早晨，当教室的窗户上有明显的霜时，让儿童在窗户上画画或写上自己的名字。和他们讨论霜形成的原因。如果开始下雪，你可以通过提问"你怎么知道下雪了？"来拓展活动。带儿童出去（穿着合适）用放大镜看霜。在地面、草地或沙地上感受霜，找出它们的不同之处。

4.雪

冬天有一个奇妙的白色和潮湿的特色（characteristic）——雪！雪是一种可以探索的神奇的物质，它会融化、结冰，也会变得泥泞。关于雪的讨论有很多：雪覆盖着小草，小草是如何生存的？造成下雪有哪些原因？一个精彩的儿童经典故事是埃兹拉·杰克·基茨（Ezra Jack Keats）的《下雪天》（the snowy day）。让儿童在网上大胆研究著名的雪花摄影师"雪花人班特利"（W.A. "snowflake" bentley）。他的作品在全国的博物馆展出，在他的《雪晶》一书中也可以找到。以下是更多关于雪的活动。一定要确保儿童在寒冷的天气里穿着合适。

雪橇运动。下雪后，带儿童到户外活动一小段时间。让他们推拉各种各样的雪橇，如，雪碟。带有安全绳的自制纸板也很有趣。提供一些适合儿童使用的铲子，让儿童铲雪。一定要穿暖和。

雪雕。在一场大雪之后，冒险去外面建造雪雕和冰屋。提供各种各样的物品，如，胡萝卜、帽子、树枝和围巾，用来装饰雪人或动物。如果你有幸有个雪堆，就让儿童来研究它们吧！让他们仔细观察并比较雪堆的顶部和雪堆的底部。

温馨提示

根据每年下雪时间的长短，可以和儿童一起建造雪屋或堡垒墙壁。可以用坚固的塑料盒子当模具做雪块。用烹调喷雾（防粘）取走雪块，这样就不会弄碎它。《北方的纳努克》（Nanook of the North）这部电影是借鉴如何建造冰屋的好资源。

捕捉雪花。在大雪纷飞的时候，带儿童到户外用舌头捕捉雪花，拿一张黑色卡纸，让雪花落在上面，在黑色的衬托下，雪花会更明显。参见本书第104—105页，了解以刚下的雪为特色的美味糖果配方。

寻找足迹。寻找雪地里的动物足迹。如果你找到一两个足迹，可以让儿童在自然日记上画出来，并让他们试着识别是哪种动物的足迹。另一个想法是：

在雪中寻找被遗弃的鸟巢。

测量降雪的深度。在一场大雪之后，带儿童到户外用尺子测量降雪的深度，这是开展关于测量仪器（如米尺、卷尺、温度计、气压计）及其用途的迷你课程的绝佳时机。

查看冰水坑。冬季的小雪和阵雨会产生小的冰水坑，可以让儿童用棍子和石头敲开顶部来查看这种罕见的组合。可以让儿童穿上合适的衣服和鞋子在冰水坑上踩踩，这会让他们很满足。

5. 池塘

在幼儿园中设置一个小池塘是促进多感官、以自然为导向的亲水游戏的好方法。一个便宜的池塘工具包可以迅速地把游戏场变得更绿色、更吸引人。池塘是小动物们的消暑胜地；放入便宜的一年生植物可以增加吸引力，还可以放入一根软管或洒水车瀑布、一座桥或带有叶子印记纹理的踏脚石。请注意：所有有幼儿的水域和活动都必须有适当的监督。

简单的小池塘想法包括以下几点：

蝌蚪和藻类池塘。在小池塘中放满蝌蚪，让儿童观察并记录它们从蝌蚪到青蛙的成长过程，讨论在水里扭动的小蝌蚪如何成长为青蛙。留意苔藓的生长，让儿童用木棒取回一团苔藓，把苔藓放在罐子里，用放大镜观察。让充满热情的博物学家们在感受和闻海藻的味道时戴上非乳胶手套。花时间讨论为什么儿童不应该品尝标本。让儿童用小的渔网清理池塘里的叶子，聊一聊各自的感觉。为蝌蚪和藻类池塘建一个看起来很天然的篱笆，可以用粗麻绳把剥下来的大树枝紧紧地绑在一起，也可以把粗枝切成短树桩。让儿童收集筑篱笆的材料。在一年中温暖的月份里可以把乌龟放进池塘里。

在教室里放一个鱼缸或小型水族箱。一缸充满异国情调的鱼对任何年龄段的儿童，尤其是学步儿来说，都是极好的以自然为导向的课程。水族箱将为儿童的观察、提问、新想法和新技能提供机会，同时也帮助儿童负起照顾动物的责任。其他的想法包括：

- 养在大型水族馆里的水龟会令人着迷。
- 教室里放置几个小鱼缸，并放进去色彩鲜艳的金鱼和水族箱的砾石。
- 比较室内的水族馆和室外的池塘。

蜗牛池。让儿童用放大镜观察小池塘里的水蜗牛。从池塘里拿出一两只蜗牛，放在一个小罐子里，让儿童近距离观察，讨论蜗牛如何沿着罐子内侧往上爬。然后让儿童在池塘里扔小石子，看看它们是否能激起涟漪。问他们是什么引起了水的反应。探索其他潮湿的栖息地，比如海狸池塘和沼泽。

是什么使池塘成为池塘。坐在学校的池塘边，讨论不同的水体：池塘、湖泊、河流、泥塘、海洋、水坑和运河，让儿童在他们的自然日记中画出它们的相似点和不同点，谈论哪些要素使池塘成为池塘。下面是一些关于池塘的观点供儿童"思考"，这些问题摘自《池塘儿童活动指南》(*Ponds for Kids Activity Guide*)（2011 年版）（可通过这个网址 www.aquascapeinc.com 找到）。调整以下问题，使其适合你的学生和你的班级池塘项目。

1. 池塘底部和顶部的水温是一样的。我们的池塘底部和顶部的水温一样吗？你会用什么方法来弄清这个问题？

2. 池塘的深度不会超过 20 英尺[①]。我们的池塘满足不超过 20 英尺深这一点吗？你会用什么方法来弄清这个问题？

3. 池塘的表面总是很平静，即使在有风的日子也不会有波浪。是不是哪怕在有风的日子，我们的池塘表面也是平静无波？我们将如何得出结论？

[①] 20 英尺≈6.01 米。——译者注

向儿童介绍小溪。小溪是指小溪流、小河或水的通道，做起来很容易，把塑料管牢牢粘在胶合板上，然后放在户外游戏区即可。查看查尔斯·托马斯（Charles Thomas）和理查德·库格尔（Richard Koogle）合著的《阿尔特关于建造瀑布、池塘和小溪》（*Ortho's All About Building Watefalls, pond, and Streams*）一书，获得关于小溪的介绍和图片。

在研究池塘时安装一个养鸭装置。池塘里的鸭子看上去很不可思议，它们似乎在（水面上）很平稳地游动，然而在水下，它们的蹼却在将水划开。让儿童比较鸭子和鹅，特别是它们的叫声和飞行模式。用一个简单的维恩图来比较这两个物种，让儿童在他们的自然日记上画图表进行比较。

与儿童讨论另外三种水的形态——云、雹和泪。根据儿童的年龄，可以产生其他与水相关的活动和想法。

（二）土壤

我曾经听一位教授把儿童的早期生活比作土壤，为童年提供养分，并在其中播下好奇和行动的种子。让儿童有机会深入探究土壤将会激发他们学习的火花。土壤是一种很好的多感官工具，因为它能够以多种多样的方式供儿童摆弄——如，用来做馅饼的厚实的泥土、用来锤击的干土块、用来雕刻的湿黏土、用来筛过漏斗的超细沙子。土壤有各种形态可供选择，它无处不在，从不短缺。以下是一些以土壤为特色的活动。

1. 泥土

我小时候在堪萨斯州、俄克拉荷马州、弗吉尼亚州和新墨西哥州生活过，各州的显著区别之一就是泥土。俄克拉荷马的泥土很红，很容易弄脏我的运动服。堪萨斯州的泥土稀薄多尘，每天都在室内飞扬，落在窗台上，我需要经常打扫卫生！弗吉尼亚州的泥土又黑又厚又潮湿，里面满是我的哥哥们喜欢收集的又大又肥的蠕虫和鼻涕虫。新墨西哥州的泥土是干燥的，到处都是被称为"山羊头"的锋利的土砾。不管泥土的颜色或质地如何，儿童喜欢在里面寻找蠕虫、树根和岩石，以及用它们做"汤"、"馅饼"和"热巧克力"。准备一辆有大铲子的（玩具）重型卡车，在土丘上行驶。泥土可以作为一个玩快速井字游戏的方便画板，也可以用来玩跳房子、词汇拼写游戏或拼写练习。下面是其他一些可以尝试的泥土活动：

种花。让儿童探究泥土的一个简单活动就是和他们一起种花。用儿童专用铲子在泥土中深挖并将泥土块弄碎，是一种很棒的感官体验。让儿童光着脚在新挖的泥土上跳跃！种与彩虹中的每一种颜色相对应的花，打造一个可爱的、有教育意义的、彩虹颜色的花园。从简单的花开始，如金盏花和百日菊，向日葵也很棒，儿童会惊叹于它们的高度。和儿童一起种花的时候，花点时间让他们看看花的内部，感受花瓣和叶子。最终要向儿童介绍花的基本组成部分，但更重要的是，他们需要学习为什么花如此美丽。问儿童为什么他们喜欢看花和闻花。

温馨提示

植物能充分满足儿童的感觉——视觉、嗅觉、触觉。表 3.1 是一个实用的图表，提供园艺和儿童种植方面的植物建议。使用图表来装饰游戏场所、特别空间、座位和舞台，这些将在本书第 82—84 页开始介绍。

表 3.1 （Torquati & Barber，2005）

满足感官的植物	羊耳草（质地清爽）、鼠尾草、香葱、薄荷、康乃馨、甜豌豆、百日菊、罗勒、罂粟花、满天星、三色堇、矮牵牛花和香雪球
简单的水果和蔬菜	小番茄、豌豆、四季豆、瓜类、胡萝卜、土豆、甜菜、爆米花、甜玉米、花椰菜和莴苣 注意：可以多种一些，以确保儿童获得最佳的"收获"体验。
吸引昆虫（蝴蝶、蚜虫）甚至兔子和青蛙的植物	夹竹桃、巧克力薄荷、莳萝、荷兰芹、蜀葵、乳草、蝴蝶丛、鼠尾草、紫菀、凌霄花、凤仙花

潜入土丘。儿童喜欢挖泥土。探索性的，像考古那样挖掘泥土是童年的最爱。如果可能的话，为儿童创设各种各样的土丘，让他们爬上去在上面挖洞。

把塑料蠕虫、虫子、树枝、橡子和其他小宝贝埋起来，来一次感官大爆炸。关于配料请查阅第本书第 123—124 页。给每名儿童一个寻宝的工具箱，里面有一把适合儿童挖掘使用的铲子，还有一把用来掸去灰尘的刷子。把这两件东西，连同一个小垫子和粗蜡笔放在一个中等大小的塑料袋里。和儿童一起享受泥土的芳香。

放大泥土。把各种各样的放大镜和适合儿童年龄的显微镜放在户外桌子上。让儿童用放大镜在地上一探究竟。协助他们制作泥土载玻片，放在显微镜下进行观察，组织儿童讨论他们看到了什么，让他们在自然日记里画下观察到的泥土。

制作泥砖。这项活动尤其以感官为导向。儿童喜欢它！你需要一个旧的塑料咖啡容器，尘土（可以变成细泥）、沙子、水和几个结实的鞋盒。和儿童一起做砖坯，每四咖啡罐的细泥与一咖啡罐的沙子混合后搅拌，直到它们混为一体不能分离。将混合物装进鞋盒里，在太阳下晒三到四天，晒干后把盒子从砖上剥下来。可以在一个金属咖啡罐中装一半的混合物，制作圆润的砖坯；也可以在倒入混合物之前用冰块填满容器底部，制作迷你砖坯。访问 www.beniciahistoricalmuseum.org/tours/edu_hands.htm 获得更多关于砖坯和房屋的信息。

2. 黏土

天然黏土不同于泥土、沙子或泥巴，因为它刚开始时很凉，但后来变得有延展性，并随着儿童手的温度而变暖。儿童手上干裂的黏土会引发问题，推动进一步的探索。优质的黏土会是一种感官大爆炸，尤其在它闻起来有来自河床的新鲜气味的情况下。儿童喜欢滚、涂、砸、卷它，将种子和石头等自然物品压入其中。其他黏土活动包括：

陶艺。在野餐桌上玩陶艺再好不过了。从大块黏土上撕几块下来，在桌布上放几小碗水，让儿童做陶器。教师可先演示如何将材料盘绕成碗、烛台和盘子的形状，向儿童说明如何用手卷出纤细的蛇、捏出矮胖的盆、锤打土块，或者用冰棍挖出装饰性的作品。玩黏土游戏时，不要用那些功能明确的小器具，如擀面杖和饼干切刀。让儿童自由发挥他们的想象力，投身到自然环境中去。

感官桌黏土游戏。把黏土放在一个满是水的户外感官桌上改变它的稠度。改变它的质地，使它不平、粗糙或光滑。让儿童尝试各种颜色的黏土，如白色、红色或灰色。在一个凉爽的春日里，让儿童蒙着眼睛在感官桌前探索黏土。边玩边听大自然的声音也是个绝妙的主意。《大自然的气氛》（*Moods of Nature*）提供了来自森林、雨林和热带的声音。探究黏土也可以很简单：装满一桶黏土，把它放在沙盒旁边，让儿童去研究。

3. 沙子

无论在温暖潮湿的海滩还是在炎热干燥的沙漠，沙子都是绝佳的户外感官游戏材料。打造一个简单的沙箱或沙坑，就可以开玩了。儿童可以坐在装满沙子的超大轮胎上玩沙，还可以在一个铺满沙子的托盘里进行各种颜色和纹理的手指画创作。把玩水引入游戏中可以使玩沙游戏升级，提供坚固的塑料杯、碗、旧厨房过滤器、漏斗，勺子和其他用旧了的厨房用具也会有这个效果。这里有一些玩沙游戏的想法：

沙饼干。把各式各样的饼干切刀散放在沙上。弄湿沙子以获得更强烈的"烹饪"经验。在沙子里撒些贝壳和鹅卵石，想象一场海滩上的冒险。撒上细的彩色沙子以增加饼干的样式，或者把它们放在老式的盐和胡椒瓶中使用，让儿童装饰他们的饼干。

埋藏的宝藏。埋起小玩具，让儿童把它们挖出来。制作一张指向"X"标记位置的地图。把冰块藏在沙子里，让儿童闭上眼睛在沙上行走，体验寒冷的感觉。

沙子游戏。教儿童用棍子在沙子上画画，或者玩井字游戏。为玩具汽车、船只和卡车修建道路和护城河。

称沙子。如果没有桌子或平坦的地面，可以在结实的箱子上放几个秤。为儿童提供泡沫容器来称量沙子或泥浆。陈列各种各样的自然标本——如，大的松果、细枝、橡子以及各种形状和大小的壳——进行称重和比较。

过筛子。将一个旧屏风放在几个塑料篓上玩过筛子游戏，屏风上打几个不同大小的洞，用来筛沙子、水和面粉！

温馨提示

　　沙子在感官游戏上有着不可思议的可能性。在网上购买各种各样的天然和人造沙子。水沙的配方特别，看起来和摸起来就像真正的干沙——即使是刚刚从水里舀出来！侏罗纪沙子（Jurassic Sand）是超级干净的可重复使用的沙子，过敏的儿童也可以玩。流沙是一种干净的石英砂，只需要水就能把它变成易碎的砂岩。闪亮沙（Sandtastik）是一种白色的游戏沙，是室内沙盘的理想选择。月亮沙可以塑造成任何你能想象到的形状。太空沙在水里不会变湿，颜色和成分与火星土壤相似。热带游戏沙安全耐用，适合儿童在室内或室外游戏。可以与儿童讨论不同种类沙子的特性。

4.泥浆和其他

制作传统泥饼的乐趣也可以提供那种通过亲身体验而获得的感官刺激。唯一一件比在雨坑里蹦跳更愉快的事情就是在泥坑里弄脏自己！无论是在室外的"面包店"用一次性盘子做脏馅饼，还是在泥坑里做城堡，儿童很少对在泥里玩耍感到厌倦。他们还喜欢在泥里挤压脚趾。更多的活动包括：

泥浆感官桌。在户外感官桌上玩泥浆。把它做成厚厚的块状，或者加一些沙子，这样里面就有砂砾了。儿童喜欢在泥浆汤里玩耍，这是一种混合了各种各样的配料的稀泥浆（见本书第 123 页）。在泥浆感官桌上准备各种各样的玩具和容器。

泥壁画。把一个外部区域变成一个适合创作泥壁画的地方。在教学楼的一侧或者画架上贴一大张纸。制作各种质地的泥浆涂料：光滑的、厚实的、奶油状或稀滑的，混有干树叶、草叶、干草丝，还有少量的沙和盐。有两本精彩的儿童读物适合在这个"泥泞的"自然活动中使用，其中包括玛丽·林恩·雷（Mary Lyn Ray）的《泥地》（*Mud*）和林恩·普劳德（Lynn Plourde）的《泥地中央的猪》（*Pigs in the Mud in the Middle of the Rud*）。

堆肥。堆肥是一个很好的跨学科活动，儿童从中学到的不仅仅是自然分解。安全稳妥地竖立一个装在箱里的堆肥箱，它会产生许多有价值的科学和数学课程。儿童会享受收集干树叶、松针、剪下的草、杂草和其他残羹剩饭，并把它们扔进堆肥箱的过程。在一份班级公告中，鼓励家长送儿童来学校时，带着可以倒入班级堆肥箱中的物品（这些物品要包装好）。合适的材料包括可回收的新闻纸、咖啡渣和厨余。米歇尔·伊娃·波特曼（Michelle Eva Portman）所著的《天呐，堆肥》（*Compost, By Gosh!*）是非常适合教室图书角的参考书。

蠕虫箱。培养儿童对爬行、跳跃、蠕动的小动物的好奇心可以帮助他们克服对自然的恐惧。做一个蠕虫箱：在一个大的金属储罐里装满泥土和各种大小的蚯蚓、蜗牛、甲虫和蟋蟀（Rosenow，2008）。提供铲子、园艺手套、黏手套（见本书第 105 页制作黏手套）和桶，供儿童在探索和挖掘蠕虫箱时使用。

蠕虫箱和农场可以在室内或室外设置。如果儿童表现出胆怯或公开表示不感兴趣，千万不要强迫他在蠕虫箱里玩。对于那些不喜欢令人毛骨悚然的昆虫的儿童，可以在感官桌或操作桌上向他们介绍塑料虫子和蠕虫，还可以摆放一些里面有真实虫子的绘本。琳达·格拉泽（Linda Glaser）所著的《奇妙的蠕虫》（*Wonderful Worms*）是一个了解地下世界朋友的完美选择。让胆小的儿童在自制的虫屋中观察昆虫，如蚱蜢和瓢虫（Torquati & Barber，2005）。参见本书第 89 页制作昆虫观察盒。

温馨提示

　　观察和研究蚯蚓是很有趣的。这里有一些可以与儿童分享的有趣的与蚯蚓相关的事情和活动。蚯蚓通过收缩和拉伸身体在土壤里觅食。蚯蚓身上的刚毛能帮助它们穿过土壤，可以用放大镜观察蚯蚓的刚毛。让儿童听听蚯蚓的声音，把一只蚯蚓放在一个棕色的小纸袋里，把耳朵贴在纸袋上。你听到刮擦声了吗？用手电筒照蚯蚓，会发生什么？（Hauser，1998）

三、特别的自然游戏空间

　　儿童喜欢在特别而私密的地方自由地进行假装游戏。无论什么季节，户外都是为儿童创造自然游戏环境的最佳场所。当你思考这些空间时，请询问儿童的意见和兴趣。正如丽萨·迈尔斯（Lisa Miles，2009）所建议的，"无论游戏空间变成什么样子，我们都必须记得环境永远是儿童的，而且要用有趣和美丽的东西把它填满。"这也印证了艾丽斯·斯特林·霍尼格（Alice Sterling Honig，2004）的话："游戏加深了儿童的平静和快乐感。"任何一个户外活动区的成功取决于以下因素：

　　1. 游戏环境应该有明确的界限，并有充足的、儿童轻易就能获取的材料。让他们学会自己收拾东西。

　　2. 即使在户外，自然的游戏环境也要有秩序。规则——以及不遵守规则的后果——应该强制执行。

　　3. 游戏空间应该尽可能真实和吸引人。如，我们先说一个特别的游戏场吧，那种以前的杂货铺主题的游戏中心。为了给儿童一个关于杂货店的真实感觉，尽可能按照那个年代的样子陈设物品，把旧物品，如罐子、毯子和彩色印花织物放在商店里。有意了解杂货店主题，请参考劳拉·英戈尔斯·怀尔德（Laura Ingalls Wilder）的系列丛书《我第一本小房子书》（*My First little House*）（Miles，2009）。建议把这几本书放在游戏中心让儿童阅读和观看插图。

在创造特别的地方时，记住另外一点：展示游戏场所和它的材料，然后不加干涉。让儿童用自己的方式在这个特别的地方去发现和探索。教育工作者通常认为他们需要不断地向他人解释和展示自己的收获。当儿童不受打扰地以自己的方式，在自由的空间中与他人交往、互动和游戏时，他们的收获可能会更多（Miles，2009）。只要我们允许，"儿童似乎天生就知道如何欣赏和生活在快乐的时刻"（Ginsburg & Jablow，2006）。

以下的想法能够为儿童创造特别的自然导向的游戏空间，让他们享受户外和扩展课程，这将激发儿童对自然的热爱，保持他们对童年的好奇心，激发他们不断探索的欲望。

（一）游戏场所

室外环境允许在游戏中使用新的视角，尤其是在为想象性游戏创建了特殊场所的情况下。自然小径、茂密的草地和独特的小路都是游戏的好地方，创造了游戏的机会。开放的游戏空间可以增强游戏的故事性，也可以进行体育活动。童年是关于想象的游戏，一个特殊的游戏场所可以培养探索和好奇心。

原木小径。在彼此相连的原木小径上行走和保持平衡，周围环绕着天然草药，如绿薄荷、胡椒薄荷和巧克力薄荷，这可以成为一个愉快的游戏场所。加入大自然的声音——风、雨，甚至是打雷！在原木中间撒上树皮、木屑或稻草。放置原木的时候，要利用各种纹理的自然地形，如覆盖物和草。为有特殊需要的儿童自制栏杆。放一棵儿童可以寻找树叶或虫子的灌木，它也可以是一个藏身之处。加一块大石头让儿童爬上去，把户外道具箱（见本书第8—9页）放在原木上。大型游戏原木要求儿童保持平衡、跳跃、摩擦树皮、捉虫、剥树皮、计数听指令等方面的能力（Keeler，2008）。一个小提示：确保自然标本无菌是不切实际的，这将阻碍进一步的自然调查。记住，即使是一根腐烂的木头，儿童也可以在教师的密切监督下进行调查。

在五颜六色的旧塑料盘里放一些熟透的水果，如香蕉和梨，邀请蝴蝶来玩。把它们放在儿童游戏的地方，儿童就可以看到飞舞的客人。蝴蝶也喜欢喝泥水，放好几个装满泥水的飞盘，加上小石子和树枝，让蝴蝶栖息在上面喝水。

轮胎轨迹。为游戏修建轮胎小径。系统地布置三到四个轮胎，每个轮胎都装满各种各样的自然（nature-oriented）物品和感官"材料"——如，装着配料的沙子（见本书第123—124页）和连接玩具。在另一个轮胎中装满自然物品，如可以用来做珠宝的橡子、坚果、种子和贝壳（见本书第97页关于天然珠宝的解释）。指定第三个轮胎作为泥饼制作中心，可以用旧汽车或拖拉机轮胎。请注意，橡胶轮胎含有挥发性有机化合物（VOCs），也可能含有重金属。为了防止儿童暴露在这些危险中，请确保轮胎没有撕裂或破损；清洁轮胎，确保没有玻璃、钉子和其他异物，在轮胎上钻洞以释放雨水，然后给轮胎涂上一层明亮的油漆，使其焕然一新。

在儿童游戏中使用轮胎时，记得将轮胎放好，以免积聚雨水，死水会滋生蚊子。

旧桶。干净的大塑料桶可以变成隧道或放在相应的地方，以激发更有趣的游戏。儿童可以躲进干净的桶里在操场上滚动。还可以把桶切成两半，变成池塘或水槽，在成人的监护下进行游戏。

旧划艇和独木舟。把旧划艇或独木舟埋在地下，添加一些有创意的配件，如钓鱼竿、渔网（见本书第90—91页的相关活动）以及装满橡胶蠕虫和各种感官玩具的钓具箱。从旧的婴儿车上卸下一个轮子（最好是一个大型的全地面轮子，作为海盗冒险游戏的方向盘）。别忘了望远镜和踏板！另一个想法是：用捐赠的宽四英寸厚二英尺的木材做一个木筏。马克·吐温的经典之作《哈克贝利·费恩历险记》（*The Adventures of Huckleberry Finn*）中有几张木筏和独木舟的写实插图，可以向儿童展示和解释。

郁郁葱葱的草坪。在杂草丛生的地方割一块井字板，玩大型运动类游戏。使用呼啦圈和跳绳来标记游戏地点。一定要种一种能经得起风雨的健壮的草！另一个想法是：秋天的时候，在草坪上为儿童留下一串松脆的落叶，让他们穿过。沙沙作响的树叶不仅给人愉悦的感觉，听起来也很美妙。把叶子弄湿，进行更多的体育活动（干叶子没有湿叶子重）。

迷你果园。小型果树可以创造一个魔法果园供儿童在其中游戏。种植多种其他有纹理的植物供儿童探索，如金鱼草、荷包牡丹或带刺的草花。提供毯子和野餐用具、小篮子、凳子（便于在树林中探索）和成箱的玩具，如娃娃、茶具和结实的卡车。加几块大石头或圆木；藏一根水管，从边上往下滴水。从儿童的角度看，这便是一片森林或神奇的小树林。阅读阿尔玛·弗洛尔·埃达（Alma Flor Ada）用西班牙语和英语写给学生的双语书《聚集太阳》（*Gathering the Sun*），让儿童了解果园和在果园工作的人。讨论如何温柔和持续地照顾幼小的果树。其他的想法：在夏天种一块南瓜地，儿童可以享受和观察秋天。草莓田也很受儿童的喜爱。

迷宫。可以种植玉米和大向日葵来创造一个迷宫。两者都是健壮的、生长快速的植物，可以很容易地打造出户外游戏场地的边界，并为其遮阴。虽然向日葵吸引昆虫（如蜜蜂），但它们创造出来的迷宫很适合游戏。可以根据儿童的活动水平对迷宫中的植物进行管理和调整，蔓藤植物（如金银花和薰衣草）在有人管理的情况下可以在迷宫、游戏场所以及特别空间中使用。迷宫游戏可以从夏天一直玩到秋天结束。玉米可以按照传统的方式种植（traditional row），以获得秘密隐藏的感觉。

音乐庇护所。指定一个游戏的地方，如一个舒适、偏僻的地方来记录自然的声音——风、雨和鸟的声音。在一棵大树下放置一个雨篷来创建庇护所，挂上有网眼的窗帘或薄纱窗帘，以达到露台的效果，周围挂一些树叶、铃铛和花，里面放上树桩或板条箱，供儿童坐着。用有趣的工具填充一两个盒子，如：

● 竖琴

● 葫芦拨浪鼓

- 小键盘

- 儿童吉他

- 自制的椰子铙钹

- 各种各样的卡祖笛或"好东西（whizzers）"

- 录音机

- 耍蛇人的笛子

- 竹笛

- 各种各样的手铃

- 小手鼓

- 旧的锅碗瓢盆

另外，提供一个带麦克风和耳机的录音机，把大自然的声音录下来，记录一场雷雨、风暴、暴雨、白天鸟儿的唧唧声、夜间蟋蟀的喔喔声或猫头鹰的呜呜声。

自然图书角。通过一个户外图书角探索自然，包括自然杂志、报纸、木偶、法兰绒板、纸和书写用具。在板条箱或结实的箱子里装上适合儿童阅读的园艺书籍，放置在相应的户外座位区域或附近。精彩的书籍包括：

- 《胡萝卜种子》（*The Carrot Seed*），露丝·克劳斯（Ruth Krauss）著

- 《种植蔬菜汤》（*Growing Vegetable Soup*），洛伊丝·埃勒特（Lois Ehlert）著

- 《杰克的花园》（*Jack's Garden*），亨利·科尔（Henry Cole）著

- 《种植彩虹》（*Planting a Rainbow*），洛伊丝·埃勒特（Lois Ehlert）著

- 《向日葵之家》（*Sunflower House*），伊芙·邦廷（Eve Bunting）著

- 《丑陋的蔬菜》（*The Ugly Vegetables*），格雷丝·林（Grace Lin）著

美丽而逼真的手偶可以通过访问网站"野生动物：园艺"（www.wildforms.co.uk）获得，毛毛虫、蝙蝠、红狐、青蛙、鼹鼠、蜗牛、灰海豹、獾——甚至一只带着幼崽的猫头鹰都可以。在自然图书角里把木偶和故事联系起来！

避雨凉亭。带有屏风的凉亭是户外故事时间和游戏的完美地点。把水壶和金属盖子挂在天花板上，用各种图画书和有纹理的毯子装满一个旧的希望箱。儿童可以互相依偎在避雨凉亭里读书。如果凉亭不可行，请家长帮助选址并用水泥把凉亭搭建好。在凉亭顶上装一块金属板，这花不了多少钱，在温暖的春天，可以更清晰地听到淅淅沥沥的雨声。还可以把风铃、喂鸟器或花盆挂在天花板上。

开阔的空间或斜坡。永远不要低估丘陵、斜坡、低洼处、土丘和开阔空间带来的刺激。利用空旷的草地，不平坦的土丘和斜坡进行球类运动、跑步和降落伞游戏。儿童喜欢在温暖的春日从山上滚下来，或者在冬天铺满雪的山上滑雪。灌木丛提供了隐秘的地方，儿童可以在云杉树下建造堡垒，增加和掩埋表层土，直接滑入斜坡中。开放区域让追逐、接打、蛙跳和捉人这类游戏更有想象力，运动量更大。树下的空地是唱歌和弹奏班卓琴的好地方。儿童可以在开阔的地方和空地上探究杂草和鲜花。戴尔·法伊夫（Dale Fife）的《洞穴》（*The Cavant Lot*）是一个精彩的故事，它能鼓励儿童仔细研究周围的环境。在探究空旷地区之前，先给儿童读这本书。

（二）户外座位、舞台和阁楼

在户外游戏时，为儿童提供有创意的座位、舞台和阁楼，让他们尽情玩耍。使用多种物品来创建这些空间，如原木、大圆石和板条箱。PVC 管可以组建一个戏剧舞台的入口。花园和花坛是完美的补充，儿童可以将它们融入游戏中。在舞台上增加画架，或者在座位附近玩扔豆袋游戏。使用各种富有想象力的道具，为户外游戏设置一个美丽的舞台。

干草包。把干草包放在儿童坐的地方。如果有儿童过敏，或者希望坐得更舒服，可以在上面铺上毯子。

牛奶和面包箱。塑料或旧的木制牛奶和面包箱可以用作各种家具，包括桌椅。它们还可以起到支撑木板的作用。板条箱倒在地上，便形成了奇妙的步道。

大石块。在游戏时，几块大石头可以作为儿童的座位。巨石也可以当作山顶。

长凳。简单的适合儿童使用的长凳是早期儿童保育环境的完美选择。访问www.bigtoys.com 查看关于长凳的更多内容。

树桩和圆木。树桩和圆木很适合作为户外游戏的座位。在地面放置不同高度的树桩和原木，进行行走和平衡游戏，如图 3.1 所示。

用于平衡和行走

图 3.1

用于坐着

图 3.1（续）

泥土里的轮胎。部分埋在泥土里的轮胎可以做成很好的座椅和台阶。在轮胎上绘画以增加艺术感。

轮胎作为台阶安置在景观中

图 3.2

野餐桌。野餐桌不一定只供儿童坐在旁边野餐，还可以作为戏剧游戏的舞台，如，玩帆船海盗冒险游戏或敞篷马车在大草原上探险的游戏。在温暖的冬天，野餐桌也可以用来野餐。

木平台。多余的或捐赠的胶合板可以变成一个踢踏舞台或戏剧表演阁楼。做一个用自制望远镜观察降落的飞机塔台怎么样？可以再加一个控制飞机的飞行和转向的婴儿车轮，以及各种有创意的服装和道具，用来表演户外短剧、音乐剧和戏剧。给儿童提供麦克风或卡拉 OK 机。请注意：不要让儿童经常刮桶的底部，也就是户外游戏的道具，要保持它们的新鲜！

切块草皮。在泥土区域的中间种植草皮作为游戏的舞台，把草地用简单的栅栏或用石头围起来。

水泥拖拉机轮胎或电缆线轴。对儿童来说，中间装满水泥的大拖拉机轮胎就是一个神奇、辉煌的舞台（Tee，2004），旁边再放一个大电缆线轴（注意安全稳当），就是另一个舞台。

四、结语

户外游戏是儿童生活中很重要的一部分。大自然中特别的游戏场所可以为儿童提供有效的学习机会。使用自然元素"可以让儿童发展许多对以后的学习和学业成功很重要的技能"（Benson & Miller，2008）。将大自然作为你的向导，创造性地在每个特别的户外游戏区内实施早期学习标准。从儿童的世界和视角出发创建你的游戏场所。记住，最有趣的是那些新奇的小东西——割草机上的毛毛虫或者春雨过后院子中央的小水坑。不要忘记，如果特别的游戏空间能吸引儿童的兴趣，那么它们就会成功；"在不同的领域提供开放式材料将激发儿童的想象力，满足他们不断重新安排和组合材料以进行探索和发明的愿望"（Curtis & Carter，2005）。

第四章

感觉统合的自然活动

思忖地球之美的人发现了源于生命的不竭力量。

——蕾切尔·卡森（Rachel Carson）

你想为儿童的生活增添更多自然和乐趣，对吗？你听说过杰出的博物学家——蕾切尔·卡森吗？她倡导为儿童"准备土壤"，让他们渴望了解自然世界，并最终渴望了解其中的自己。这一章介绍一些关于感觉统合的自然活动，你可以付诸实践。

在活动中一定要注意给予儿童挑战，并采用以自然为导向的教学策略，即专门利用自然进行教学的学习方法。在你的课程中加入多感官学习的机会和实际操作的体验，从而带来不断发展的适宜实践，帮助儿童茁壮成长（Torquati & Barber，2005）。下面列出一些在活动中适用的以自然为导向的教学策略：

- 收集自然界中的物品
- 标记、展示自然
- 组织、分类自然标本
- 在自然日记或日志中进行记录
- 观察天气变化
- 进行自然实验
- 记录从自然中收集的数据，为其绘制图表
- 使用自然研究工具，如显微镜、望远镜和放大镜
- 把在自然中发现的东西画下来
- 比较、对比自然中的元素和物品
- 阅读有关自然的书籍

让儿童通过多种感官去学习是适合其发展特点的，建议在策略和活动中结合尽可能多的感官或全部感官。如此一来，儿童会更容易学习和记住呈现给他们的信息。

一、58 个与自然导向的教学策略相结合的感觉统合自然活动

以下是这 58 个感觉统合自然活动。如第三章中介绍的，在特别的游戏场所、座位、舞台和阁楼中进行一些户外练习，这些练习也可以在课堂上、野外旅行和徒步旅行中进行。在大多数情况下，这些活动都很简单，无需列出一长串的供应品清单。保持乐观，就像我告诉儿童的那样，"平凡和非凡之间的唯一区别就是多了这个额外的"。如，配料（见本书第 123—124 页）为活动增加了闪光点。享受此处提供的活动选项：

浆果弹弹弹

我的祖母告诉我，新鲜的蔓越莓会弹起来！做美味的蔓越莓面包时，她会这样测试蔓越莓的新鲜程度——把一个蔓越莓举过头顶，然后把它往地面扔。如果它弹起来，把它洗干净，切成片，扔进搅拌盆里。如果没有弹起来，就把它弹到垃圾桶里。让儿童玩浆果弹弹弹的游戏。在地板上放一根 12 英寸长的胶带，在胶带线的正前方用胶带贴一个 6 英寸见方的正方形，让儿童站在线后。给儿童一个蔓越莓，让它把蔓越莓举起来，举到正方形的上空，然后放手，争取让蔓越莓落在正方形里。如果浆果弹起来了，则放进浆果盒中，反之，则扔进垃圾桶里。通过在课堂上做蔓越莓面包来提升活动效果。让儿童帮忙搅拌蔓越莓面糊。在这个活动中，儿童的多个感官得到施展，包括嗅觉、触觉和味觉。

浆果画

收集不同大小、形状和质地的浆果。如蓝莓、草莓、覆盆子和蔓越莓等。戴上非乳胶手套或使用土豆捣碎机，让儿童把浆果捣碎并在一个大碗中涂抹。除了让儿童感受不同浆果的质地外，还要闻一闻它们的不同味道。一些浆果的味道闻起来比其他的更浓吗？可以请对其不过敏的儿童试吃一下这些浆果。将浆果"颜料"转移到调色板或塑料盘子上，用刷子和海绵在纸板涂上这些浆果。

同儿童一起探索浆果的奥妙是一件乐事。不同的浆果在颜色、质地和气味等方面有许多相似和不同之处。讨论浆果灌木的相同点和不同点，为什么有些灌木结浆果而有些却没有？可以比较以下这些浆果：黑莓、蓝莓、博伊森莓、蔓越莓、醋栗、美洲越橘、覆盆子和草莓。

浆果或种子分类

浆果或种子分类活动可以培养儿童观察和讨论自然中物体之间相似性和差异性的能力。引导儿童对观察结果进行分类和比较，这将激发他们提出问题并主动寻找答案。让儿童根据颜色、质地或大小等特征对浆果进行分类。可以使用多样的种子，如向日葵种子、南瓜种子，以及对不同的鸟（bird varieties）进行分类。在调查浆果和种子时，用"你的这些种子有什么相同之处？"或"你的这些浆果有什么不同之处？"这样的问题引导他们进行排序和分类活动。

与儿童讨论种子如何传播、如何在其他地方种植，并画出种子传播的相似点和不同点。有些种子身上带有毛刺，可以挂在路过的人的裤子或袜子上，让顺风车带它们去新目的地；有的是以飘浮的方式传播，如蒲公英的种子。也有些种子可以像直升机那样，盘旋着飞向一个新的地点；还有一些种子，如松树，从一个地方滑翔到另一个地方。蚂蚁和箭鱼也会携带种子（Hauser，1998）。另一个关于种子的小知识：想要查看像豆子或南瓜等硬种子的内部，可以将其置于水中浸泡几个小时。水能使它们的外皮变松，好被剥开。

双筒望远镜、普通望远镜、潜望镜以及更多

同儿童一起尽可能多地识别并解释自然研究工具的用途，如双筒望远镜、普通望远镜、指南针、日晷、风向标、雨量计、潜望镜、显微镜、放大镜。请访问 www.discoverthis.com，查看儿童显微镜。允许儿童在教室中心或户外的游

戏场所或特别空间对工具进行实验和探索。在分享和演示每种工具时，别忘了它们大多都有低倍镜和高倍镜两种类型。

喂鸟器

喂鸟站适合放置于任何户外运动场所。让儿童发挥想象力，用葫芦、松果、手工棒或干净的空牛奶罐做一个喂鸟器。百吉饼涂上花生酱（老规矩，要注意过敏反应），在外面裹上鸟粮后挂在树上，便是一个简单的喂鸟器。如果儿童有关于喂鸟器的想法，可听听并予以指导。为蜂鸟或啄木鸟制作专门的喂鸟器，让儿童调查并在自然日记中记录不同鸟类的特殊喂养需求。亲手制作喂鸟器这种活动会让儿童很开心，特别是当他们可以将嫩滑的自制鸟类布丁放在他们制作的喂鸟器之中或裹在外围的时候。在教室窗户附近放置自制的喂鸟器，近距离观察当地的鸟类，让儿童记录哪些鸟来的次数最多，并研究它们的进食行为。

温馨提示

这是一份基础的鸟类布丁食谱。将 1 杯干果、1/4 杯腌肉碎、2 杯猪油、1 杯面包屑和 1/2 杯鸟粮混合在一个碗里。将 2 杯猪油放在平底锅里加热，直到它融化并慢慢沸腾。将猪油滴进含有干果、腌肉碎、面包屑、鸟粮的混合物，搅拌至所有固体外表都均匀裹上猪油。在混合物冷却之前，将其放入喂鸟的容器中。悬挂或放置在想要观察鸟类进食的地方。

昆虫宾果

把抽奖游戏的纸牌换成昆虫的形式，或用昆虫来玩宾果游戏[①]。访问 www.discoverthis.com，获取"昆虫学"基础知识的宾果卡。制作自己的卡片，在卡片的正面写上简单的昆虫趣闻。以下四点提示可以方便你进行游戏：

- 昆虫身体分为头、胸、腹三个部分。
- 昆虫由卵孵化而成。
- 昆虫有六条腿。（蜘蛛有八条腿）
- 昆虫有复眼。

[①] 一种填写格子的游戏，在游戏中第一个完成者喊出"宾果"表示取胜而得名。——译者注

为了让宾果游戏中有更多感官参与，可以使用自然中的真实物品，将小虫宾果换成自然宾果。儿童需要将画的自然物品与其占位棋子匹配。收集下列物品作为自然宾果的占位棋子。图 4.1 可能也有助于激发宾果的想法。

羽毛	动物骨头
橡子	化石
野花	松果
岩石	（刺果）带芒刺的小果实
叶子	茧
香蒲	有芽的嫩枝
松针	稻草
块状的焦木	

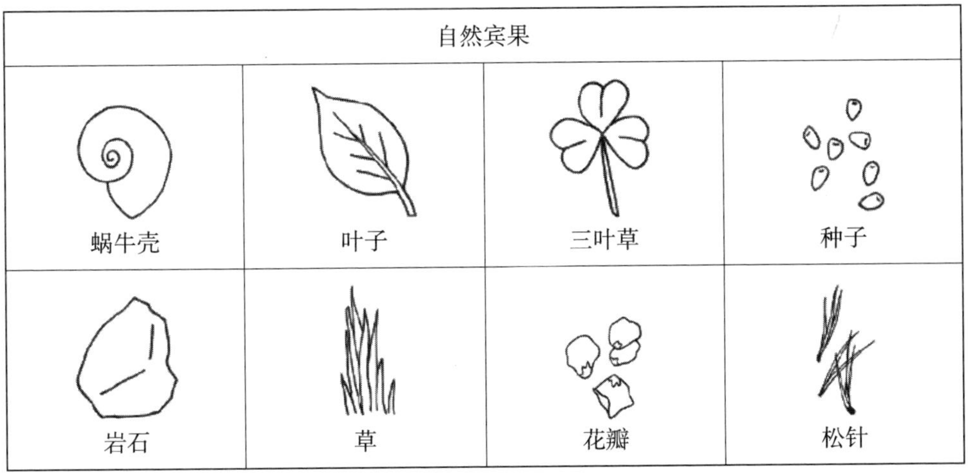

图 4.1

昆虫观察盒

当看到一只奇怪的昆虫时，儿童通常会有三种反应：逃离、把它踩在脚下、研究它（Korte，Fielden & Agnew，2005）。无论哪种反应，昆虫观察盒都是完美的选择，它能让儿童近距离地观察各种各样的爬虫。昆虫观察盒可以由简单的材料制成，如小塑料瓶或干净、透明的容器，只要在盖子上捅出几个孔即可。

儿童会喜欢学习有关萤火虫的知识。如果你所在地区有萤火虫，捉几只放入罐子里，让儿童轮流在壁橱里或在光毯下观察它们。可以将这一活动与埃里克·卡尔的精美绘本《非常孤独的萤火虫》(*The Very Lonely Firefly*)结合。

虫子狩猎

外出探险去捉虫。你可能会听到一场现场演奏会——蟋蟀的喔喔声和蜜蜂的嗡嗡声。将发现的昆虫放在自制的昆虫观察盒里。让儿童在原木底下、树上、灌木丛中和地面上等处寻找爬虫。鼓励他们搬动石头，摇晃树枝或者挖开泥土。狩猎活动能用到的工具包括小的手镜或袖珍放大镜、小渔网、镊子、婴儿食品罐、首饰盒、小记事本和铅笔。

制作昆虫模型

让儿童用天然黏土制作昆虫。用小树枝或小管刷 (pipe cleaners) 作为昆虫的腿、触角和其他部分。大多数儿童在幼儿园的活动中研究昆虫时主要关注蝴蝶或球潮虫。实际上，教育工作者应该让儿童观察各种各样的昆虫，包括热带昆虫和外来昆虫。为什么不试试观察马达加斯加的发声蟑螂呢？在教育用品商店可以买到它们，还有其他照顾它们需要用到的东西，如笼子、食物和说明书 (Korte，Fielden & Agnew，2005)。

捕蝶 / 虫网

制作一个捕捉虫子、蝴蝶和一些自然标本的小网对儿童来说是一个简单的活动。捕虫网可以训练儿童的观察技能，因为它能捕捉到各种各样的昆虫，如螳螂和蝴蝶。儿童可以看到被诱捕的螳螂如何扭着头、慢慢地爬上他们的手臂。问儿童蝴蝶是否会像螳螂一样配合合作。做捕虫网需要细的木棍、树枝或竹竿。把铁丝衣架辦成圆圈，留出一段以便将网系在木棍上。把纱布或蚊帐紧紧地缝在铁丝圈上 (Johnson，1997)。这个简单的网可以很方便地捕捉到花园里的虫子，因为那里虫子很多。

> **温馨提示**
>
> 当儿童能够从自制的运河、河流、护城河、排水沟和火山中捞到漂浮的自然物和沉底的宝藏时，他们会惊叹不已。制作各种尺寸、宽度以及不同手柄长度的网，这种多样性有利于儿童精细动作技能的发展。

自然的特征

让儿童坐在户外，在他们的自然日记中记录下观察到的东西。提供各种素描笔和铅笔。鸟类羽毛可以制成羽管笔，它能带给我们独特的书写体验，可以用稀油漆作为羽管笔墨水。一开始可以让儿童画一些盛开的花蕾、被苔藓覆盖的树皮或空中的云。

收集

对儿童而言，树叶是一种奇妙的自然收藏品，因为它们有各种各样的形状、颜色和大小。根据以下标准用袋子收集各种叶子：

- 形状——羽毛状的、手形的或椭圆形的
- 质地——有绒毛的或光滑的
- 大小——大、中、小
- 秋天的颜色——黄色、红色、棕色或橙色

记得告诉儿童，无论大小、形状或颜色如何，树叶都做了一件了不起的事情——它为树提供养料（Hauser，1998）。

干花

干花可用于各种自然工艺品。用一本厚重的书来压花。把花分层制成节日书签、文具和卡片。用干花做拼贴画，还可以做成百花香，它可以当作制作泥饼的辅料。将干花置于一张薄纸下，用粉笔或彩色铅笔进行拓印。

如果无法获得自然环境中的鲜花，可以打电话给当地的花店要一些修剪下来的花草。让儿童把它们剥开，仔细研究花瓣和茎杆。可以让儿童用各种捐赠的鲜花进行测量、分类和绘画等活动（Hachey & Butler，2009）。

地震

为了让儿童体验地震时地面摇晃的感觉，准备一条大被子，让一名儿童（轮流）坐在中间，指导其他儿童站在毯子的边缘，前后摇晃和抖动毯子。还可以在中间扔几个小球以加强感官刺激。这个活动是很好的了解地震的入门活动。

"微观装配实验室"游戏

在暴风雨后进行户外"实验室"的工作将会尤为精彩。空气和环境是新鲜的，颜色和气味都充满了活力！儿童可以在实验室的烧杯里比较和对比各种样本——如灰尘、沙子和雨水。"微观装配实验室"要想吸引儿童，就要准备好实验服、放大镜和护目镜。将塑料烧杯装满醋、水、油和其他有气味的混合物以及自制的溶液。烧杯中的液体呈现出绿色、蓝色、黄色，像极了霓虹灯的样子。

一个"微观装配实验室"往往能打开一扇通往迷人的化学世界的大门。用创造力和一些充满化学概念的有益书籍来点缀这种可能性：看看伊丽莎白·A. 舍伍德（Elizabeth A. Sherwood）、罗伯特·A. 威廉斯（Robert A. Williams）和罗伯特·E. 洛克威尔（Robert E. Rockwell）合著的《科学冒险：学前儿童的自然活动》（*Science Adventures: Nature Activities for Young Children*）和雷·皮卡（Rae Pica）所著的《拥抱科学：学前儿童的主动学习》（*Jump into Science: Active Learning for Preschool Children*）。

务必保证儿童在探索自然时的安全。通过设在户外的"微观装配实验室"，介绍并探索自然界的安全性。以下是一些建议遵守的安全守则（Hirschfeld & White，1995）：

- 在不知道某物是什么的情况下不要碰它。
- 不要把任何来自实验或自然界的东西放进嘴里。
- 工作和探索自然时，一定要戴上护目镜和手套。
- 不要乱丢垃圾。与儿童一起尽可能多地重复利用物品，将环境清理干净。

园艺

班级应该设有一个园艺项目。无论是照料窗台上的小天竺葵，还是照顾户外成熟的菜地，掌握园艺技能都是无比珍贵的。一项关于儿童花园创意的奇妙资源是由萨拉·斯塔巴克、马拉·奥尔托夫和卡伦·米登（Sarah Starbuck, Marla Olthof & Karen Midden）设计的《蜀葵和蜜蜂：幼儿花园项目》（ *Hollyhocks and Honeybees: garden Projects for Young Children* ）。

嘉宾演讲人

邀请当地苗圃、农场、温室、花店、宠物店或其他与自然相关的企业和机构的嘉宾来演讲。也可以邀请生物学、地质学或动物学专业的大学生来分享他们的专业知识。征募一些从事有趣的以自然为导向的工作的家长来做演讲。即使是自然专家，如社区鸟类俱乐部的成员，也是宝贵的资源（Ross，2000）。

恶劣天气装扮

在下雪天或下雨天，当儿童被困在室内时，给他们时间穿上富有想象力的、以天气为主题的服装。教师也穿上对应的服装，也许是一条色彩鲜艳的印花围裙和一顶五朔节女士的王冠，还可以试试其他想法：雪仙子、雨公主、三月风先生或雾爸爸。为了适应这些造型，教师可以在一个大箱子里放上五颜六色的雨衣、假发、太阳镜、假花和其他富有想象力的道具，如自制的蝴蝶翅膀和各式各样的手指玩偶。通过阅读故事来激发儿童的想象力，罗伯特·N. 蒙施（Robert N.Munsch）的《纸袋公主》（ *The Paper Bag Princess* ）是一部经典之作。

温馨提示

家庭旧货市场、跳蚤市场和寄卖店是购买装扮服装的热门地点。

瓢虫零食

这是一个美味的活动，儿童可以在户外游戏中心吃零食。阅读埃里克·卡尔的《爱生气的瓢虫》（*the Grouchy Ladybug*），然后和儿童一起制作一只美味的瓢虫！步骤很简单：

1. 让儿童洗手。

2. 给每人半个苹果，让他们剔掉苹果籽。

3. 让儿童在苹果的两边各戳三个洞来装"瓢虫"腿，在每个孔中插入黑色的甘草片。

4. 用花生酱做糊状物（注意儿童是否对其过敏），让儿童把葡萄干粘在他们的"瓢虫"背上做斑点！

5. 用葡萄或橄榄制作"瓢虫"的头，用牙签固定。

6. 和儿童一起享受瓢虫大餐。

温馨提示

想让户外小吃变得特别些，可以把它放在一个冰激凌蛋筒里；蛋筒在这里起着杯子的作用。谷物甜筒圣代是一种很棒的户外美食。让儿童舀一些干麦片（保持健康，不含糖），还有葡萄干、格兰诺拉麦片、布丁、椰丝、切片水果，当然还有一团鲜奶油。其他的户外美食包括：

- 蘸着糖的冰棒
- 装满新鲜浆果的甜筒
- 用葵花子、南瓜子等种子混合而成的什锦干果，拌入葡萄干

以下是埃里克·卡尔一些带有精美插图的书。你能为书中的每种动物想出一款对应的点心吗？用米糕、切片水果和蔬菜来款待下面每本儿童读物中的主人公吧。

- 《疑惑的变色龙》（*The Mixed-up Chameleon*）
- 《非常笨拙的甲虫》（*The Very Clumsy Click Beetle*）
- 《非常孤独的萤火虫》（*The Very Lonely Firefly*）
- 《好饿的毛毛虫》（*The Very Hungry Caterpillar*）
- 《好忙的蜘蛛》（*The Very Busy Spider*）

●《蠢乌龟》（*The Foolish Tortoise*）

显微镜观察

在户外的野餐桌上或游戏的地方设置一个显微镜观察区域。与儿童一起观察糖粒、树叶、盐粒、报纸以及班级池塘项目中的藻类、沙粒，甚至是教室周围收集到的积尘。

莫奈绘画

通过图片或视频的形式向儿童介绍克劳德·莫奈（Claude Monet）美丽的自然风景的画。让儿童站在画架或野餐桌前，用手指蘸取色彩鲜艳的颜料或用蜡笔作画。《小爱因斯坦》系列中的《小莫奈：发现四季》（*Buby Monet：Discovering the Seasons*），是非常有趣、充满活力的关于莫奈和四季景色的介绍视频，很适合幼儿观看。接下来是黛安娜·艾弗森（Diane Iverson）的《发现四季》（*Discover the Seasons*），这是一本教三岁以上的儿童认识四季的完美书籍。

温馨提示

儿童进行绘画活动时，提供的画笔不要拘泥于传统的形式。以下是一些有创意的建议：

- 手指
- 干玉米
- 羽毛
- 棉花
- 冰块（冷冻前插一根木棒作为把手）
- 放在叉子的把手上的南瓜皮或西瓜皮
- 西兰花的茎

泥饼大师

什么是最好的泥饼？告诉儿童，完美的（masterful）泥饼不会碎。它们就像汉堡里的肉饼一样黏在一起。让儿童用各种不同的材料探索泥沙混合物，看看哪种材料做的泥饼最好。让儿童通过改变水的多少、在混合物中加入的物质来体验软泥、黏稠、有砂砾和糊状的泥浆质地。让儿童加入比泥多的沙或比沙多的泥，看看会发生什么；加入一把天然黏土，看看混合物又有什么变化；加入干树叶、草屑或稻草，看看会怎么样。让儿童在自然日记中记录他们的观察和发现，以便回答这个问题——如何做出最好的泥饼？（Hauser，1998）。

自然收集物

收集自然物品可以激发儿童的好奇心，增加他们的词汇量，增强他们的环保意识。自然的收集物能以多种方式唤醒我们的感官。如，让儿童收集多彩的秋叶、湿树叶、春天的叶子，甚至是枝头的嫩芽，然后观察、分类、做标记，比较、对比它们的触感、气味和令人惊奇的发现。用有创意的托盘来展示自然收集物，冰块托盘就是很棒的分类托盘。自然收集物可以包括岩石、小树枝、贝壳、蝴蝶、树叶、昆虫、木材和种子。对种子的收集可以扩展到豆荚、球果和类似于蒲公英那样可以飞行的种子。有关自然收集的更多信息，请参见琼·约翰逊（June Johnson）的《儿童娱乐的838种方式》（*838 Ways to Amuse a Child*）。

自然实验

和儿童一起进行简单的自然实验的可能性是无限的。调查和培育霉菌或晶体。用气球摩擦儿童的头发制造静电。这里有一个特别简单的方法：在一个透明的塑料瓶里装满雨水或池塘水，让儿童观察里面的变化，他们可能会观察到绿藻和蚊子幼虫的生长（Satterlee & Cormons，2008）。用旧丝袜盖住罐子的顶部，以保持实验不被破坏，尤其是观察幼虫生长的时候。

天然珠宝

　　可以用各种各样的自然物制作简单的珠宝，如种了、贝壳或邻在粗线上的细枝。用天然黏土捏一些小珠子，打洞后晒干，涂上颜色后串成一个手镯。提供一些旧的太阳镜、小镜子和珠宝盒，用小的自然物来装饰它们。好的工艺胶水可以将物品牢固地黏住。

自然日记

　　把自然活动融入课程中（尤其是阅读和写作课程），儿童可以更好地理解它们。自然日记可以培养儿童的好奇心和观察能力。让儿童在自然日记上写生或写字，教他们记录和组织从实验和项目中收集到的信息。讨论如何对这些信息进行比较、排序、分类。儿童也可以将相关的图片或物品，如羽毛和豆荚粘贴到他们的自然日记中。

自然配对

拍摄一系列自然物品数码照片。让儿童看着照片将每幅照片与对应的自然物配对。出示一些容易配对的照片，如儿童熟悉的每天经过的树。也要有一些儿童无法轻易配对的照片，如一棵草的特写。

自然现象

把"现象"这个词写在黑板上，或者在上课的时候贴在显眼的地方。问儿童这个单词怎么发音、是什么意思，列出并讨论各种自然现象，如闪电、飓风、火山、龙卷风和地震。吸引儿童兴趣的是这些自然现象中的新奇之处，尤其是当你用影像或创新的活动向儿童展现时，如用道具来做运动。可以让儿童戴上彩色围巾像龙卷风一样旋转。避免用诸如雨林破坏或全球变暖等抽象问题来吓唬儿童。相反，要集中定义每一个自然现象是什么，在哪里发生得最多，为什么发生。讨论每一个自然现象发生的原因和影响，解释每个现象都是自然发生的。这里有一个关于地震的简单定义：地震发生在地面移动的时候。用你的手来演示一个来回移动的动作。在地图上给儿童指出一个常见的地震地点，如加利福尼亚。关于现象的词语将丰富儿童的词汇。儿童可以在网上观看令人惊叹的图片，探索大自然的神奇。也有一些书籍资源，如乔安娜·科尔（Joanna Cole）所著的《飓风中的魔法校车》（*Magic School Bus inside a Hurricane*）。

自然风铃

在家长会或开放日的时候，需要迅速地简单装饰一下教室。把儿童收集的自然物变成昆虫风铃。用纱线绑在树枝或衣架上，在教室里挂上几个。让儿童从下面的列表中选择一种昆虫，查阅图画书，尽可能找到相关条目，最后汇总有关动物的条目。自然风铃基地将由儿童绘制的小虫图片组成。以下是一些关于昆虫风铃的想法：

- 瓢虫
- 苍蝇
- 蚱蜢
- 蚂蚁
- 蝴蝶

- 蜜蜂
- 甲虫
- 鼠妇
- 竹节虫
- 蟋蟀
- 盲蛛

坚果记忆

向儿童介绍"坚果记忆"游戏。收集一些带壳的果实，如核桃、七叶树、橡子或巴西坚果。在每个纸杯下面放一个坚果，让儿童轮流选择一对杯子，看看他们能否在纸杯下找到两个相同的坚果。如果发现一对匹配的坚果，就可以拿出这对坚果，然后再进行一轮。如果不一致，则由下一个人继续掀开纸杯（Hauser，1998）。玩"坚果记忆"的时候一定要考虑儿童是否对其过敏。

零零碎碎

儿童喜欢粘东西、扭东西，把东西堆在一起。利用球果、种子、豆荚、小树枝、羽毛和其他自然界中零碎的物品，让他们创作一些野生动物雕塑。使用管刷、塑料袋束口带、胶带和手工胶来制作一些有趣的零碎物品创作（Johnson，1997）。

吹花瓣

收集各种花瓣，留意对天然花瓣过敏的儿童。在教室桌子的一端贴上一条长胶带。让儿童站在桌子的另一端，试着把花瓣吹过终点线。把它变成两名儿童一组的游戏，看看谁吹过线的花瓣最多。为了增强游戏的效果，让儿童用镊子或筷子将花瓣夹起并放入松饼罐或小杯中进行归类。还可以用羽毛、棉球或更重的物品进行类似的游戏。让儿童用吸管、塑料管或吹龙① 对花瓣吹气，令其前进。或者使用颜料吹出花瓣，让儿童用空的线轴蘸上颜料，然后用一根弯曲

---

① 用印有图案的蜡纸制成，开口处有一硬纸做吹嘴，吹时纸龙充气伸直，并发出响声，离开便缩。——译者注

的吸管将其吹到纸上。让儿童尽可能独自完成来取得进步，包括从户外收集自然物品来吹、画图，以及活动后在自然日志中记录。

土豆眼

土豆实际上是土豆这种植物的块茎。刚买来的时候通常是脏的，因为它们长在地下。土豆眼实验很简单。提供一些根茎类蔬菜，如胡萝卜、洋葱和土豆（甜的、红的和棕色的）。每个蔬菜放在一个单独的塑料袋里，把袋子放在角落里，看着"眼睛"长大。让儿童在自然日记上画出看到的植物生长过程，问他们为什么"眼睛"在生长。

温馨提示

在做土豆眼实验时，一定要介绍生长素（*auxin*）这个词。让儿童在他们的自然日记中定义它。生长素是一种帮助根生长的化学物质（Harris，2008）。一本与土豆眼或土豆根实验相伴的好书是黛安娜·波默罗伊（Diane Pomeroy）的《一个土豆：一本土豆图册计数书》（*One Potato：A Counting book of Potato Prints*）。如果儿童在班级园艺项目中种植土豆，带几个慢炖锅吧，可以烤土豆作为下午的点心。将班级园艺项目中种的韭菜撒在上面进行调味。

百花香包

制作百花香是另一种奇妙的感官体验。儿童探索花的颜色、质地和香味，让儿童把各种花的花瓣摘下来，放在一个小碗里。如果在你的学校里没有现成的花，可以请当地花店捐赠一些枯萎的花。把花瓣放在浅盘里晾干几天，然后放在密封的罐子里，把自制的百花香放在一个小碗里或包在香包里。

农产品探索

儿童将用他们的双手享受探索新鲜蔬菜和水果的终极感官体验。儿童可以剥新鲜的玉米或带壳的豌豆，为每名儿童提供一个单独的篮子或罐子，演示剥皮和去壳的过程。在教师照看下进行的其他蔬菜活动还有：磨碎胡萝卜或削皮、捣碎土豆，让儿童探索各种蔬菜的质地和气味。另外两个探索蔬菜的想法包括：

● 掰开各种水果和蔬菜，看看内部的种子，感受里面的质感。探索猕猴桃、木瓜、哈密瓜和香蕉（红色、紫色或黄色），使用成熟的、熟透的或可以食用的水果和蔬菜，在自然日记中记录下它们的不同之处。

● 允许儿童采摘、剥开生长在班级花园中的豌豆荚，比较成熟和未成熟的豌豆。成熟的豌豆非常饱满，未成熟的豌豆则是软塌塌的、扁平的（Torquati & Barber，2005）。

南瓜瓤

这是一个极好的感官体验活动。你需要一两个南瓜，把它们的顶部切掉，和儿童一起从里面挖出黏糊糊的瓤，让儿童在饼干纸或蜡纸上玩耍，让他们把种子从黏糊糊的瓤里拿出来，然后分类、清洗、煮。掺有凡士林的泥浆对儿童来说也是无法抗拒的感官胶！

雨滴乐队

在雨中放置一些空心容器，组成一支雨滴乐队。把咖啡罐、铝制馅饼盘和塑料瓶倒过来，让雨水打在上面，发出噼里啪啦的声音。在奶酪容器或冰激凌桶上面铺上保鲜膜，里面填满脆米，可以发出一种独特的乐器声。加入其他乐器，如自制的卡兹、口琴、三角琴和长笛。其他建议包括：

● 勺子：不同大小的金属勺子
● 自制吉他：套有橡皮筋的纸巾盒
● 洗衣板：瓦楞纸板；用棍子或勺子进行弹奏
● 沙槌：装有石头的塑料汽水瓶
● 铃鼓：钉在一起的装有豆子或米饭的纸盘
● 鼓：燕麦粥盒，带盖子的大黄油桶，咖啡罐、空油漆罐、木制或不锈钢碗或锅碗瓢盆
● 扩音器：漏斗和硬纸管
● 钹：两个金属锅盖、水壶盖或馅饼罐
● 锣：用来敲击金属物体的玩具木槌或木勺
● 沙块：粘有砂纸的木块
● 摇动器：叮当作响的钥匙；装着大米的塑料瓶、牛奶罐、纸袋或黄油桶

（将盖子盖紧）

再现彩虹

雨后天晴，彩虹是最明显的，可以用花园里的软管和儿童一起制作彩虹。背对着太阳，在你的前方喷上一层细雾，让儿童观察他们看到的颜色。颜色与颜色之间会相互融合吗？看看你能不能喷出双彩虹——两个彩虹同时出现（Hirschfeld & White，1995）。

画雨

让儿童用雨画一幅美丽的图画。使用蛋彩画颜料在纸上留下几块大的色斑，下雨时带儿童到户外，让他们把画拿在面前，在操场上转一圈。不要在外面待太久，否则画作会变得一团糟！让儿童给他们的画起个名字，也许可以是"雨之舞"（Hauser，1998）。

岩石分类

向儿童介绍世界地质学和地质学家使用的工具，如岩锤和防水纸。让儿童收集各种石头，进行分类和排序。与儿童一起建立根据硬度、颜色、质地或大小给岩石分类的标准。按照不同标准排列岩石：从大到小、从重到轻，从深色到浅色，或从光滑到粗糙。把石头装裱起来并做上分类标签。

温馨提示

岩石在自然界中随处可见，可以用石头玩很多游戏。岩石可以涂上颜料成为装饰品，也可以作为秤的砝码，还可以当作画跳房子格子的笔。用放大镜探索岩石。进行比较石英、板岩、浮石、砂岩、石灰石或大理石等岩石的活动。鼓励儿童在拜访其他州或地区的亲戚时收集岩石。别忘了把石头翻过来——石头下面往往有一些小惊喜！

稻草人

秋天，和儿童一起做一个看起来很逼真的稻草人，它会为班级花园或充满鲜花和蔬菜的游戏场所增添奇妙的色彩。事先发一份通知到家里，请家长捐赠一些稻草人的衣服，如格子衬衫、旧工作靴、牛仔裤、手套、腰带、背心、草帽和吊带。用一个塞满稻草的枕套做头，缝上纽扣或用永久性的记号笔画出五官，用一个十字架形状的木桩作为稻草人的躯干，用安全别针固定衣服，然后用你的想象力去做剩下的事。如果要快速做一个"家庭"稻草人展览，可以往倒立的稻草扫帚上套一个棕色大纸袋，让儿童在袋子上画脸，为每个稻草人家庭成员添加彩色纱线头发，给每个稻草人一顶草帽或大帽子，让儿童给稻草人命名，并在他们的自然日记中写下他们的冒险经历。

种子海绵

让参与种植的班级一起学习。这种自然活动是一个伟大的礼物。把各种海绵切成各种形状，如圆形、心形或星形。在水里浸泡后拧干，保持海绵是湿润的但不会滴水。将湿海绵放在盘子里，撒上种子。晚上用保鲜膜包起来，白天揭开保鲜膜，给海绵充足的阳光，用洒水壶让海绵保持湿润（Hirschfeld & White，1995）。种子应该会在大约 12 天内发芽，请儿童记录种子的生长过程，然后把发芽的种子作为礼物送给他们。为了增加感官价值（sensory value），可以将发芽的豆子、萝卜、玉米或南瓜种子放在潮湿的纸巾里，让儿童解剖、检查、比较发芽种子的内部。生菜的叶子也可以种在湿海绵的洞里。

让儿童有机会从种子开始培育自己的植物，不仅能传递出有关自然界的积极信息，还能培养各种科学技能。使用多样的种子，如青豆、红薯和牛油果，提供各种各样的豆子让儿童挑选、培育直至发芽。一定要和儿童分担照顾植物的责任。

贝壳船

儿童喜欢驾驶小船。用半个胡桃核或一个裂开的桃子核来造一艘船。将一小团黏土或泥浆放入一半的贝壳中，用一个纸做的三角形插在小树枝的顶部作为帆，将贝壳船航行在小池塘或户外的水桌上。杯子、泡沫塑料、锡纸、软木塞和海绵块都是制造大船的材料，同时也是探索浮力的创造性途径。

沉与浮

摆出各种各样的小物件，如鹅卵石、软木、黏土块、松果、树叶、石头、花瓣和小树枝。让儿童把每件物品放入一个中等大小的碗里，预测物品是下沉还是漂浮，然后在自然日记中记录自己的发现，并在团体讨论时分享各自的预测和发现。如果天气宜人，可以在户外学习中心进行"沉和浮"的活动。

巨大的番茄酱罐或辣椒罐是沉浮实验的绝佳容器，一定要用胶带把尖锐的边缘封住。

雪糖

在刚下完一场大雪后，与儿童一起制作老式的糖蜜雪糖。让儿童把刚下的雪铲起来，放在几个锅里。将事先准备好的糖蜜糖浆在本生灯或热盘上加热，然后倒在锅中的雪上。（网上有各种各样的糖蜜糖果食谱。）糖浆一碰到雪就会变硬，儿童会对这种现象感到惊讶。向他们解释：当糖和糖蜜加热时，它们会溶解在一起，或者变成焦糖，变成甜的液体。当液体浇在雪上时，它会以极快的速度冷却，并在形状上凝固（结晶），形成糖果，这实际上是由液体变为固体。教儿童在他们的自然日记中添加新的单词：焦糖化（caramelize）。

温馨提示

　　大雪过后，让儿童到外面撒一些带壳的坚果，过段时间再去看看发生了什么事。儿童会惊奇地发现到处都是空空的壳，这是松鼠或其他动物发现冬季食物的证据。

雪画

　　刚卜完雪的地面是画家完美的画布。儿童可以用可洗染料在雪地里作画，还可以给白色的雪雕上色，或者在雪地上用喷剂、水枪和装满有颜色水的喷雾瓶等工具写写画画。了解更多有关雪的想法请参见本书第66—67页。

温馨提示

　　令人惊叹的雪花——大自然真正的杰作之一。儿童可以在户外用放大镜来了解它们的美丽。观察过后，让儿童回到室内在他们的自然日记中画几幅画，或者写一首关于雪花的诗。

黏手套

　　把旧园艺手套变成黏手套。黏的一侧朝外，用胶带缠住一副手套。黏手套很适合用来捕捉昆虫和检查树皮、秋天的树叶、花、杂草、树上的地衣等。这事做起来很容易！

温度计读数

　　教儿童读温度计。在户外挂几个温度计，记录气温变化模式。让儿童在自然日记中记录下他们的观察。

龙卷风管

让儿童通过制作龙卷风管（也叫"瓶中龙卷风"）来熟悉龙卷风是如何旋转以及吸引周边物体的。这个实验将提高他们解决问题、观察和试误的能力。可以上网查找简单的龙卷风管做法。

观察树木

连续观察一棵树一周或一个月对儿童来说是一个简单的观察任务。让他们在自然日记中回答并记录以下问题：

- 树在哪里？画出它和它的周围环境。
- 它有多少枝杈？你能在树枝上找到鸟巢或小动物（鸟、松鼠）吗？
- 树有叶子、地衣、果实或花吗？（答案可能取决于季节。）
- 你注意到这棵树的树皮有什么变化吗？你能找到什么昆虫？

通过提出其他问题或提示来进行树木观察。你甚至可以将观察时间扩展到一年，让儿童在秋天、冬天、春天和暑假前画出自己的树（Hammerman，Hammerman，& Hammerman，2001）。

温馨提示

带儿童去教室外观察校园中的树木，讨论树木如何为我们提供荫凉，为动物提供住所，为人类和动物提供呼吸的氧气，以及如何用木材制造东西。寻找橡树、苹果树、樱桃树、松树、胡桃树、雪松、云杉、橘树、或山核桃树（视地区而定）。一个与他们郊游有关的奇妙的树的故事是让·乔诺（Jean Giono）所著的《植树的男人》（*The Man Who Planted Trees*）。其他观察的想法还有：

- 找一棵有花蕾的树。
- 找一棵有巢的树。
- 看一棵风中的树。
- 找一棵树荫下的树。
- 在学校里找一棵小树。
- 在学校里找一棵古树。
- 看一棵雨中的树。

水的形式

告诉儿童水有三种不同的形态——流动的液体，像冰块一样的固体，可以从热水壶里冒出来的气体。水可以从一种形态变成另一种形态。让儿童做做这个实验。在冰箱里放一个装满水的小纸杯，一旦冻住了就取出来，让儿童看着它融化成液体（Hirschfeld & White，1995）。拿一个热盘子和一个水壶，在确保安全的情况下与儿童一起观察水蒸气。在他们的自然日记上评论、比较水的三种形态的异同。

浸水

在一个温暖的春日下午到户外浸水中心玩水是一个理想活动。在野餐桌上摆放各种各样的材料，如箔纸、蜡纸、一把棉球、皮革、海绵、石头、报纸、一卷纸巾和一块木头。问儿童哪种材料可以做一件好的雨衣，哪些不能。准备一些火鸡油和几罐眼药水，还有几碗水，让儿童测试这些材料能否防水，将结果记录在大图表或自然日记上。

温馨提示

和儿童一起听安东尼奥·维瓦尔迪（Antonio Vivaldi）的《四季》（*The Four Seasons*）。这首乐曲包含一年中的每个季节，看看儿童听这首曲子时是否能猜出每个季节。关于季节和天气的好书包括简·米勒（Jane Miller）的《农场的季节》（Seasons on the Farm）和艾丽斯和马丁·普罗文森（Alice & Martin Provensen）的《枫树山农场的一年》（*The Year at Maple Hill Farm*）。另一个简单的想法是：儿童可以在他们的自然日记中画出并写下对当前季节的观察。带他们去户外寻找季节的迹象，用问题提示他们的图画，如"现在是什么季节？"或"这个季节太阳什么时候下山？"或"花朵会在这个季节盛开吗？"（Crawford et al.，2009）。

气象图

季节性的天气变化为儿童提供了第一手的学习和游戏机会。可以在晨间谈话环节加入简单的天气预报图。介绍气象学家的工作，让儿童轮流用麦克风预报天气。让儿童在每天的阅读和绘制图表中使用各种气象词汇让儿童为每一种天气做一个符号。天气图不仅能增加儿童的词汇量，还能教会他们用多种方式来观察和描述自然。使用天气词表（图 4.2）进行创造性的天气数据预测和记录。请注意：有几个单词，如有微风的（breezy）、阵风的（gusty）和有风的（windy）意思相近，但却有助于扩大儿童的词汇量。可以和儿童讨论它们之间的细微差别。

在儿童掌握了天气词汇表后，添加天气短语，如"阴天有下雨的可能"或"晴朗的秋日"。一个与天气相关的精彩读物是盖尔·吉本斯（Gail Gibbons）的《天气词汇及其含义》（*Weather Words and What They Mean*）。

今天的天气是 _____ 。 （让儿童填空并附上相应的符号）				
有微风的	阵风	明亮	晴朗	多云
潮湿	蒙蒙细雨	干燥	有雾	下冰雹
雷鸣	闪电	多雨	雨夹雪	下雾
毛毛雨	和煦	有雨	有风	下雪

图 4.2

野草花束

一束野草可以作为一份简单的自然礼物。让儿童采摘一些干野草和蒲公英来制作野草花束。做一个花瓶，插入野草花束带回家送给妈妈，并附上一张卡片。可以把干种子和多余的野草粘在卡片上。用剩下的干野草和种子可以创作各种各样的桌子和墙壁。

名家大赏

通过书籍、互动实地考察、博物馆展览、技术、照片和绘画等形式，向儿童介绍著名的博物学家及其作品。著名的博物学家包括以下几位：

- 蕾切尔·卡森（Rachel Carson），自然作家和海洋生物学家
- 约翰·缪尔（John Muir），美国国家公园之父
- 戴安·福西（Dian Fossey），研究大猩猩的动物学家

野生动物拼贴

利用旧的自然日记和当地野生动物的自然图片进行拼贴。提供各种各样的切割工具，如花边剪刀。拼贴画可以由自然标本制成，如树叶、干花和豆荚。自然拼贴中建议用厚纸，如卡纸。

风向标

让儿童做一个简单的风向标，给生活来点儿风吧！先用一大块色彩鲜艳的布料做底，然后把报纸、杂志或已用卡纸加固的牛皮纸袋裁成条，这些是在风中飘动的页片。把风向标挂在窗外，让儿童通过观察风向标来记录每天的风。今天是微风和煦的一天吗？风很大吗？使用风向标作为天气图的小提示。

温馨提示

玩各种各样与风有关的玩具，如风车、玩具帆船、降落伞、风向标、风铃、挥舞彩带棍子、飘动的丝带、飘扬的旗子和传统风筝等，儿童既能听到风又能看到风。在有风的日子来一场聚会吧！

参观动物园和博物馆

参观当地的动物园或博物馆为儿童提供了探索自然、科学、数学和艺术的机会（Henderson & Atencio，2007）。参观博物馆和动物园应该作为培养儿童对自然的热爱这一教学内容的组成部分。教育者有计划地将活动与课程目标联系起来非常重要。在参观前，教师要思考以下问题（Henderson & Atencio，2007）：

● 参观前能将动物园或博物馆的相关信息发给我吗？动物园或博物馆的参观规则是什么？哪些是禁止触摸的？哪些是可以触摸的？

● 博物馆的哪些区域适合我所带班级儿童的年龄特点？

● 有供儿童休息、吃午饭的地方吗？

● 有工作人员带领参观吗？

● 为了能够有效互动或行动，需要将儿童分组吗？

- 怎样将儿童分组？（结伴学习在参观动物园或博物馆这种活动中非常有效）

- 参观需要儿童分批前往吗？

- 这次出行需要成人陪同吗？需要多少人？

- 出发前需要预备课程吗？

- 需要建立一些有针对性的行为规则吗？

温馨提示

去动物园实地考察对儿童来说非常有吸引力，不过在教室里参观几只由动物学家带来并关在笼子里的动物也不失为一种选择。乔伊丝·奥尔特曼（Joyce Altman）所著的《动物园里的午餐：动物吃什么及其原因》（*Lunch at the Zoo: What Animals Eat and Why*）是一本很棒的纪实类书籍，它可以用作初次了解动物的科普读物，也可以是动物园之旅的画龙点睛之笔，还可以是参观的指南。在研究动物园动物时，一定要展示各种各样的虚构和非虚构类书籍。

二、自然中的音乐、韵律、谜语和绕口令

相关研究和理论提倡在早期儿童教育中创造性地使用音乐。音乐是培养批判性思维最直接的途径之一，因为它既不需要语言也不需要符号。受邀在一个音乐团体中唱歌、跳舞或游戏，会增强儿童的自信心。霍华德·加德纳（Howard Gardner）认为，音乐智能最早出现，而且对儿童的内在发展非常重要（Cornett, 2003）。此外，研究表明，接触音乐可以促进儿童的认知发展（Snyder, 1997）。组织儿童进行音乐活动，将自然歌曲创造性地与语音和字母结合起来。看看《威洛比小袋鼠》（*Willoughby Wallaby Woo*）中的几句台词：

威洛比小袋鼠呀，
一只大象坐在你身上呀。
威洛比小袋鼠哇，
一只大象坐在我身上呀！

在儿童用结实的自然道具和大型的打击乐器（或自制的乐器）演奏这首歌时，你看到他们如此投入了吧？以下还有一些建议：

● 把一张纸巾叠在梳齿上固定，就是一把口琴，和儿童一起"吹奏"它——通过纸张哼出声音。

● 用两个金属锅盖制作一套钹。用一根长纱线把两个锅盖的抓手连在一起，把锅盖碰撞在一起，发出有趣的声音。

● 用空鞋盒和橡皮筋做一把吉他，将橡皮筋绕着鞋盒绷住，鞋盒盖子可盖上也可拿掉，不过盖上盒盖会更耐用。弹奏时，拨动橡皮筋。

无论哪种流派和声音，音乐都是一个完整教育经验的重要组成部分。这里有一些能够促进户外自然互动的音乐韵律和歌曲，它们也能够提供抽象和具体的教室经验。

温馨提示

音乐对儿童有很大的影响！儿歌和童谣有助于儿童提高阅读、记忆和理解能力。此外，儿歌和韵律的节奏模式有助于儿童练习重读和音节等语言技能（Hill-Clarke & Robinson，2004）。好好利用自然资源，教室内外的音乐远不止哆—唻—咪！

（一）音乐韵律和歌曲

儿童通过阅读书籍，听音乐，感受韵律和其他富有想象力的资源来理解周围的世界（Zeece，1999）。可以通过给物体、动作命名和贴标签，甚至是用有趣的方式把动物拟人化等相关音乐经验来促进语言技能的发展（Zeece，1999），这些音乐经验可以通过使用以自然为导向的音乐、韵律、谜语，甚至绕口令来实现。

1. 我是一颗小橡果

用押韵的方式介绍种子分类或收集活动。问儿童在哪里可以找到橡果。什么动物吃它们，它们里面（in them）为什么有洞，收集一瓶橡果供儿童观察或配合其他手工活动使用。用这首简短的音乐韵律做各种手脚动作。最后一句尤其可以让儿童发挥想象，"我是坚果，我是坚果！"，让儿童唱到这里时挥舞着手臂行进吧。

我是一颗小橡果，
躺在冰冷的土地上。
每个人都踩在我身上。
所以我才裂开，
我是一个坚果，（拍掌、拍掌）
我是一个坚果，（拍掌、拍掌）
我是坚果，我是坚果，我是坚果。

2. 老麦克唐纳有一个农场

这是儿童最爱的传统儿歌。农场生活中到处充满着自然的课程和联系。用这首歌来介绍一个农场主题或一次农场之旅，并添加其他动物的声音。同样地，要有创意。

老麦克唐纳有一个农场，E-I-E-I-O。
在农场里他有一些小鸡，E-I-E-I-O。
这儿叽叽叽，那儿叽叽叽，
这儿有只小鸡，那儿有只小鸡，
到处都是小鸡，
老麦克唐纳有一个农场，E-I-E-I-O。

温馨提示

为歌曲和韵律创编一些动作。让儿童动起来，模仿"老麦克唐纳有个农场"里动物的声音。向儿童发起模仿动物及其外形或声音的挑战，如"如何看起来像猪一样圆滚滚？"或"你能模仿公鸡走路吗？"。创造性的运动能培养儿童的想象力，解决问题和自我表达等能力（Pica, 2009）。

3. 吞苍蝇的老奶奶

这首既押韵又有节奏的歌曲在幼儿看来非常精彩，它还有其他一些故事形式的姊妹篇，包括露西尔·科洛德罗（Lucille Colandro）所著的《吞雪的老奶奶》（*There Was a Cold Lady Who Swallowed Some Snow*），它完美地将户外雪地活动推向高潮。也可以将其翻译为以下名字：

- 吞鳟鱼的老奶奶
- 吞蝙蝠的老奶奶
- 吞贝壳的老奶奶

你也可以尝试以池塘、林地或雨林为背景进行创作，让儿童想出其他食物链。原文是这样的：

有位老奶奶吞了一只苍蝇。
我不知道她为什么吞了一只苍蝇——她也许会死！
有位老太太吞了一只蜘蛛。
蜘蛛在她体内蠕动、扭动、挠痒痒。
她吞下蜘蛛是为了捉苍蝇。
我不知道她为什么吞了一只苍蝇——她也许会死！

加入其他一些按大小排序（size-sequencing）的动物歌词，包括鸟、猫、狗、牛，还有马！

温馨提示

在团体讨论时间或故事时间可以使用一些自然导向的音乐、韵律、谜语和绕口令来欢迎儿童；也可以用它们在儿童收拾玩具或从一个活动过渡到另一个活动时创造一种平静、放松的情绪；还可以用于哄儿童睡午觉；当气氛失控还可用来稳定儿童的情绪，调整他们的注意力（Shore & Strasser, 2006）。

4. 弗兹·伍兹

《弗兹·伍兹》这首儿歌很有趣！增加一些创造性的运动，如像熊一样四肢着地走路，模仿熊爸爸粗哑的声音或小熊稚嫩的声音唱韵律诗。问儿童，他们是否觉得熊妈妈是一只毛茸茸的熊，穿着毛茸茸的拖鞋。在团体讨论的时候阅读《金发姑娘与三只熊》（*Goldilocks and the Three Bears*）来开拓思路。

> 弗兹·伍兹[①]是一只熊。
> 可是弗兹·伍兹没有头发。
> 弗兹·伍兹没有了头发，
> 他就光秃秃的，
> 那他还是弗兹·伍兹吗？

温馨提示

这里有几个关于熊的趣闻可以与儿童分享。雄性的熊叫公熊（boars）；雌性的熊叫母熊（sows）；幼熊叫小熊。一群熊称为群熊（pack or sloth）。可以在研究森林或浆果时唱另一首有关于熊的歌曲：《翻山越岭的熊》（*The Bear Went Over the Mountain*）。

5. 小蜘蛛

这是介绍或研究蜘蛛时常用的一首经典的手指韵律歌。试着将歌词中的"排水口"（waterspout）替换成其他地点，然后填上一些押韵的词。重新创作的歌词可以像这样："小蜘蛛爬上长长的葡萄藤。突然下起倾盆大雨，把它冲走了。"同时可以做一些搞怪的动作。此外，还可以收集一些昆虫和蜘蛛放在罐子里，让儿童观察它们的活动。之后让儿童自由创作，用蟋蟀或蚂蚁代替小蜘蛛，重编儿歌让其押韵。有关蟋蟀、蚂蚁、蜘蛛和其他小生物的独特信息，请参阅贝蒂·普赖斯（Betty Price）著的《在自然中探险》（*Adventuring in Nature*）。

[①] 毛茸茸英语单词的音译。——译者注

小蜘蛛爬上了排水口。

突然下起倾盆大雨，把它冲走了。

太阳出来了，晒干了雨水，

小蜘蛛又爬上了排水口。

温馨提示

你知道蜘蛛网是一些闪闪发光的丝线织成的吗？打开手电筒在蜘蛛网下面照一照，让儿童看到编织得很漂亮的蜘蛛网，讨论所看到的内容。

---

6. 小蜜蜂

用这首简单的韵律诗可以开展各种各样的活动和手工制作。儿童可以探索并比较黄蜂、大黄蜂和熊蜂的异同。

我打算带一只大黄蜂宝宝回家。

我妈妈会为我感到特别骄傲吗？

我打算带一只大黄蜂宝宝回家。

哎哟！它蜇了我！

儿童往往很喜欢夸张地喊出"哎哟！"，那么就为它想几个对应的动作吧，如跳向空中或跳到地上。有大黄蜂插图的故事书，可以看看洛丽·莫滕森（Lori Mortensen）的《树上的蜜蜂》（*In the Trees*, *Honeybees*）。

7. 蚂蚁行军

这是儿童在夏天最喜欢的儿歌，可以伴随其他灵活手脚的动作，不一定是死板地行进。让儿童用双筒望远镜观察蚁群。讨论蚂蚁的力量和其他令人吃惊的趣事，如：

- 蚂蚁可以搬运比自身重好几倍的东西。
- 蚂蚁们通过合作把沉重的食物搬回蚁群。

- 如果一块食物太重了，蚂蚁会一边向后走一边拖着它。
- 如果食物还是太重的话，蚂蚁会把它撕成小块，然后一次运走一小块。

蚂蚁在行军，一只接一只，万岁，万岁。
蚂蚁在行军，一只接一只，万岁，万岁。
蚂蚁在行军，一只接一只，
一只小蚂蚁停下来，吮吸它的拇指，
其他蚂蚁继续前进，
到了地下，
为了躲雨。
蹦，蹦，蹦！

温馨提示

打电话给当地的高中科学部，请他们提供一些可以在幼儿教室里展示的备用昆虫标本。许多学校会把收藏品放在一起，所有只要打个电话就行了。

8. 大雨滂沱

《大雨滂沱》是一首简单的曲子，可用于展开或结束任何在雨天的自然活动。参见本书第63—65页，了解一些建议。

天在下雨，下着滂沱大雨，
老人打着呼噜。
他上床睡觉时撞到了头。
早上起不来。

温馨提示

想要伴随音乐、运动，富有想象力地在户外庆祝，不妨听一听《小朋友的自然笔记》（*Nature Notes for Little Folks*）这张适合儿童在户外探索时听的自然交响乐CD。详情请访问网址 www.redleafpress.org。

9. 雨点歌

另一首雨天歌曲是《雨滴之歌》。(伴着《三只失明的老鼠》的曲调唱)它可以完美地与雨主题联系起来，这个单元教儿童如何帮忙浇灌植物并使它们免于死亡。把这首歌和雨量计联系起来，使用直边的高玻璃瓶，以四分之一英寸的间隔标记罐子的侧面，将仪表放置在教室附近的户外空地上。注意下次降雨后的降雨量。

三滴雨（举起三根手指），
三滴雨。
看看它们是如何落下的（让手指像雨滴一样落下），
看看它们是如何落下的。
它们都从天上的云里落卜；
它们给植物浇水，这样它们就不会死；
植物养活了生活在附近的动物；
三滴雨。

10. 三只绿色斑点青蛙

虽然这原本是一首朗朗上口的韵律诗，但也可以变成一首歌曲。增加手和身体的动作让它变成快节奏的版本。以此类推重复两只青蛙，然后一只青蛙的情境。最后一节是："再也没有斑点青蛙了。"

三只绿色斑点青蛙，
坐在满是斑点的木头上，
吃一些非常美味的虫子。
好好吃！
一只跳进了池塘，
那里很凉爽。
剩下两只绿色斑点蛙。
两只绿色斑点青蛙
……

11. 小蒂姆

　　《小蒂姆》是一首富有想象力而又简单的曲子。儿童喜爱它！如果弹吉他的话，儿童会一边唱，一边假装在游泳，或者假装双手捧着一只小乌龟。

　　我有一只小乌龟。
　　他的名字叫小蒂姆。
　　我把它放在浴缸里。
　　看看它会不会游泳。
　　结果它喝光了所有的水，
　　吃光了所有的肥皂。
　　现在它病恹恹地躺在床上，
　　喉咙里还有个泡泡。
　　泡泡，泡泡，泡泡，泡泡，
　　破灭！

　　最后一句——"破灭（POP）！"——让儿童站起来，跳起来，然后拍手。这首经典儿歌是绝佳的泡泡游戏背景音乐。

（二）谜语和绕口令

儿童喜欢有趣的谜语和绕口令。学习背诵谜语和韵律诗对幼儿来说很重要，有助于提高他们的阅读能力。在团体讨论或故事时间给儿童加入一些简单的自然谜语和绕口令。笑声会刺激大脑，提高学习和记忆的潜力（Silberg，2004）。

这里有一些有趣的谜语和绕口令，可以在任何时候使用。有些谜语很熟悉，你可能小时候听过。其他的则是由梅尔文·伯杰（Melvin Berger）改编自《101个与自然有关的笑话》（*101 Nutty Nature Jokes*）。与儿童分享，尽可能多地给他们加入一些描述性的词汇，这对儿童来说是极好的想象练习。

1. 脑筋急转弯

问：你从来没有和哪种又大又快的动物一起玩？
答：骗子！[①]

问：当那个戴着绿色大眼镜的疯狂科学家把一大捆炸药放进冰箱时发生了什么？
答：冰箱发火了！[②]

问：为什么那个滑稽的农民把他的大红薯种在袋子里？
A：这样他们眼睛里就不会进土。

温馨提示

与儿童分享土豆植株最初是花，但不产生种子。土豆植物通过它的"眼睛"——从土豆上长出的芽眼繁殖（Harris，2008）。与儿童一起做一个土豆发芽的实验。实验详情见本书第100页。

问：狮子王为什么要把小丑吐出来？
A：因为小丑尝起来怪怪的。

[①] 英文单词 cheetah（猎豹）和英文单词 cheater（骗子）发音相似。——译者注
[②] Blow one's cool 是一句俚语，意思是失态，慌乱或者发火。——译者注

问：萤火虫妈妈对她的儿子说了什么？
答："你真聪明！"①

问：香蕉看到大棕熊时做了什么？
答：它裂开了！

问：什么样的彩色蝴蝶结不能打？
答：一道彩虹。

问：你怎么修理坏了的南瓜？
答：南瓜地（再种一个）！②

问：为什么猪不会晒伤？
答：因为他们涂了防晒霜！③

问：小老鼠最喜欢的游戏是什么？
答：躲猫猫。

问：为什么冬天的时候鸟儿都往南飞？
答：它们不会开车。

问：蚯蚓爸爸对他的女儿说了什么？
答：你到底"蚯"哪儿了？

问：猫头鹰对他最好的朋友说了什么？
答："我真的很在乎你！"④

---

① 英文单词 bright 既有明亮的意思，又有聪明的意思。——译者注
② Pumpkin patch 既有南瓜补丁，又有南瓜地的意思。——译者注
③ 英文单词 oink 表示猪叫声，suntan ointment 意为防晒霜。——译者注
④ 短语 give a hoot 意为在乎，而 hoot 表示猫头鹰的鸣响。——译者注

问：你怎么称呼青蛙？

答：你打电话给接线蛙。①

> **温馨提示**
>
> 你知道最早的南瓜灯是用萝卜做的吗？后来终于有人发现，刻南瓜比刻萝卜容易多了。别忘了两个精彩的南瓜故事：珍妮·蒂瑟林顿（Jeanne Titherington）的《南瓜南瓜》（*Pumpkin Pumpkin*）和埃里克·卡尔（Eric Carle）的《小种子》（*The Tiny Seed*）。

问：哪种吻最好？
答：郁金香。②

问：哪棵树可以鼓掌？
答：手掌！③

问：风是什么颜色的？
答：蓝色。④

问：鸟最喜欢的饼干是什么？
答：巧克力饼干。⑤

问：为什么鱼会游过海洋？
答：为了去买海螺。⑥

问：当猴子的姐姐生了孩子时，猴子说了什么？

---

① 英语单词 call 有称呼和打电话之意。——译者注
② 郁金香的英文为 tulips，发音同 two lips（两片嘴唇）。——译者注
③ 英文单词 palm 既有棕榈树又有手掌的意思。——译者注
④ 英文单词 blew（吹）与 blue（蓝色）发音相同。——译者注
⑤ chocolate chirp 是国外的一种曲奇饼干，其中 chirp 的意思是鸟叽叽喳喳的声音。——译者注
⑥ 原文为 To get to the oher tide，theothertide.com 是国外一个卖海洋饰品的网站。——译者注

答："天啊！"①

2. 绕口令

一只可怕的臭鼬坐在一个小树桩上。
臭鼬捶着树桩，
树墩因臭鼬的重击而发臭。

鹅在金绿的草地上吃草。

如果土拨鼠会扔木头，一只土拨鼠能扔多少木头？
它会尽其所能地扔，
像土拨鼠那样扔木头，
如果土拨鼠能扔木头。

彼德派柏拿起一撮泡椒，
一撮泡椒被彼德派柏拿起，
如果彼德派柏拿起一撮泡椒。
那彼德派柏拿起一撮泡椒在哪儿？

斑马急转，斑马急转，
斑马在快速前进的同时也在急转弯。

黑虫咬了大黑熊，但是被大黑虫咬的大黑熊在哪里呢？

一只大臭虫先咬了专横的甲虫，然后专横的甲虫又咬了那只大臭虫。

萨拉在海边卖贝壳，所以她可以再卖七个。

---

① 达尔文的《进化论》中提到"猴子和人出自共同的祖先"，这一说法在当地引起了很大的争议，就有人说到"I'll be a monkey's uncle."后来这也就成为人们表示不可思议和惊叹时常说的口头禅。——译者注

三、黏土、泥土和其他

像天然黏土、沙子和泥土这样的自然材料是非常适合儿童探索和摆弄的。它们不仅刺激感官，让儿童有机会体验各种气味和质地，还有助于儿童精细动作的发展。泥沙这样的自然物虽然会把教室弄脏弄乱，但是能让儿童释放天性，尽情发挥他们的想象力和创造力。利用下面的自然物，在户外游戏场所、特殊空间、课堂学习中心等吸引儿童。

配料

图 4.3 中有各种各样的香草、香料、废料和小玩意，这些都是泥饼、水表（water tables）等的配料。像擀面杖、曲奇饼切刀、漏斗、瓜铲、糕点管、塑料刀、比萨切割机、土豆捣碎器、面团挤出机和适当的储存容器等配件在处理自然渣土时也很方便。

食物	工艺品	天然元素	草本植物 / 萃取物
燕麦片	亮片	常绿针叶	罗勒
咖啡渣	碎布头	干叶	肉豆蔻
碎蛋壳	亮片	花瓣	香草
明胶混合物	蕾丝	沙子	薄荷

图 4.3

泥浆

材料：2 杯泥，2 杯沙、1/4 杯干米、1/2 杯盐、1 茶匙香味提取物、水
慢慢加入配料，直到混合物达到想要的稠度，必要时加入玉米淀粉使其变稠。

木屑

材料：2 杯洗衣粉、2 杯木屑、水和食用色素
慢慢加入原料直到达到所需的浓度，如有需要，加入玉米淀粉使其变稠。

泥状物质

材料：2 杯盐、1/2 杯燕麦片、1/2 杯玉米淀粉、2/3 杯水

在一个大碗里混合盐和水，加热三四分钟，取出后加入玉米淀粉、燕麦片和 1/2 杯水，快速搅拌，直到达到理想的稠度。

乱炖

材料：玉米淀粉、水、食用色素和配料

在一个大碗里将原料混合，使其达到所需的浓度，用玉米淀粉来控制浓稠程度。我建议要不断搅拌，这是决定这道炖菜浓稠的关键。这次煮得浓稠一些，下次可以煮得稀一些。加入一些配料，如碎的细纱线、干花屑、蕾丝边、彩色的盐和沙子。提供碗、杯子、汤勺、长柄勺、量具以便儿童更好地进行炖煮菜肴的游戏。

沙画

材料：1 杯半干沙子和 3 汤匙颜料（最好是蛋彩画颜料）

把各种材料混合在一起，达到想要的浓度。对于较稠的颜料，添加一些沙子；对于较稀的颜料，添加一些颜料。

超大型的户外泡泡

材料：2 杯水、4 茶匙肥皂水、1/2 茶匙糖、1 茶匙甘油

混合原料并尽快去户外使用。提供各种吹泡泡的棒子。

温馨提示

儿童可以用简单的混合颜料在户外画画，如把肥皂片和各种各样的配料混合在一起，直到达到想要的浓度。其他的想法包括将剃须膏与食用色素和种子等天然配料混合；蛋彩画颜料与工艺胶水、洗过的沙子、碎树叶和鹅卵石混合；婴儿油与自然标本混合。除了刷子外，还可以用海绵、麦秆、羽毛、用完的走珠式香水瓶、棉球、线轴、芹菜茎、切开的土豆、干玉米棒子、切开的灯笼椒、一团织物、松果和橡胶塞子等工具来画画。

四、结语

幼儿的学习不应该局限在教室里。通过以自然为导向的活动所获得的知识保留在头脑中的时间比简单地阅读所获得的知识要长久得多（Hammerman，Hammerman & Hammerman，2001）。有机会直接接触自然的儿童往往学得更快。像户外这种"活的"实验室的美妙之处在于儿童可以沉浸其中，而不会像传统学校那样（刻板的时间安排）被课间打乱节奏（school-day interruption）（Hammerman，Hammerman & Hammerman，2001）。通过实施各式各样的感官整合性活动和教学策略，儿童有机会以不同寻常的方式探索课程。简单的自然歌曲，谜语、绕口令、口令能激发儿童的兴趣，带给他们学业上的收获。

参考文献

Aquascape, Inc. 2011. *Ponds for Kids Activities Guide*. www.aquascapemc.com/contractors/ponds for kids.

Arnosky, Jim. 2002. *Field Trips: Bug Hunting, Animal Tracking, BirdWatching, and Shore Watching*. New York: Harper Collins.

Bellanca, James, Carolyn Chapman, and Elizabeth Swartz. 1997. *Multiple Assessments for Multiple Intelligences*. 3rd ed. Arlington Heights, IL: IRI/Skylight Training and Publishing Inc.

Benson, Jennifer, and Jennifer Leeper Miller. 2008. "Experiences in Nature: A Pathway to Standards." *Young Children* 63 (4):22-28.

Carson, Rachel. 1956. *The Sense of Wonder*. New York: Harper Collins. Chalufour, Ingrid, and Karen Worth. 2003. *Discovering Natrtre with Young Children*. St. Paul, MN: Redleaf Press.

Chalufour, Ingrid, and Karen Worth. 2003. *Discovering Natrtre with Young Children*. St. Paul, MN: Redleaf Press.

Copple, Carol, and Sue Bredekamp. 2008. "Getting Clear about Developmentally Appropriate Practice." *Young Children* 63(1):54-55.

Copple, Carol, and Sue Bredekamp, eds. 2009. *Developmentally Appropriate Practice in Early Childhood Programs Serving Children from Birth through Age 8*, 3rd ed. Washington, DC: National Association for the Education of Young Children.

Cornett, Claudia E. 2003. *Creating Meaning through Literature and the Arts: An Integrated Resourcefor Classroom Teachers*. Upper Saddle River, NJ: Prentice Hall.

Crawford, Elizabeth Outlaw, Emily T. Heaton, Karen Heslop, and Kassandra Kixmiller. 2009. "Science Learning at Home: Involving Families." *Young Children* 64

(6):39-41.

Curtis, Deb, and Margie Carter. 2005. "Rethinking Early Childhood Environments to Enhance Learning." *Young Children* 60(3):34-38.

Danoff-Burg, James A. 2002. "Be a Bee and Other Approaches to Introducing Young Children to Entomology." *Young Children* 57 (5):42-47.

Drew, Walter F., and Baji Rankin. 2004. "Promoting Creativity for Life Using Open-Ended Materials." *Young Children* 59 (4):38-45.

Eliason, Claudia, and Loa Jenkins. 2003. *A Practical Guide to Early Childhood Curriculum*. 7th ed. Upper Saddle River, NJ: Merrill Prentice Hall.

Giles, Martha Mead. 1991. "A Little Background Music, Please." *Principal* 71 (2):41-44.

Ginsburg, Kenneth R., and Martha M. Jablow. 2006. *A Parent's Guide to Building Resilience in Children and Teens: Giving Your Child Roots and Wings*. Elk Grove Village, IL: American Academy of Pediatrics.

Griffin, Christina, and Brad Rinn. 1998. "Enhancing Outdoor Play with an Obstacle Course." *Young Children* 53 (3):18-26.

Hachey, Alyse C., and Deanna L. Butler. 2009. "Seeds in the Window, Soil in the Sensory Table: Science Education through Gardening and Nature-Based Play." *Young Children* 64 (6):42-48.

Hammerman, Donald R., William M. Hammerman, and Elizabeth L. Hammerman. 2001. *Teaching in the Outdoors*. 5th ed. Danville, IL: Interstate Publishers, Inc.

Harris, Elizabeth. 2008. *Yikes! Wow! Yuck! Fun Experiments for Your First Science Fair*. New York: Lark Books.

Hauser, Jill. 1998. *Science Play: Beginning Discoveries for Two-to Six-Year-Olds*. Charlotte, VT: Williamson Publishing.

Henderson, Tara Zollinger, and David J. Atencio. 2007. "Integration of Play, Learning, and Experience: What Museums Afford Young Visitors." *Early Childhood Education Journal* 35 (3):245-251.

Hill-Clarke, Kantaylieniere Y., and Nicole R. Robinson. 2004. "It's as Easy as A-B-C and Do-Re-Mi: Music, Rhythm, and Rhyme Enhance Children's Literacy Skills." *Young Children* 59(5):91-95.

Hirschfeld, Robert, and Nancy White. 1995. *The Kids' Science Book: Creative Experiences for Hands-On Fun.* Charlotte, VT: Williamson Publishing.

Honig, Alice Sterling. 2004. "Exploring Nature with Babies." *Early Childhood Today* 18 (6):22.

Honig, Alice Sterling. 2007. "Play: Ten Power Boosts for Children's Early Learning." *Young Children* 62 (5):72-78.

Humphryes, Janet. 2000. "Exploring Nature with Children." *Young Children* 55 (2):16-20.

Isaacs, Susan. 1929. *The Nursery Years: The Mind of the Child from Birth to Six Years.* London: Routledge.

Isaacs, Susan. 1946. *Social Developmentin Young Children: A Study of Beginnings.* London: Routledge.

Jones, Nancy P.2005. "Big Jobs: Planning for Competence." *Young Children* 60 (2):86-93.

Johnson, June. 1997. *838 Ways to Amuse a Child.* New York: Gramercy Books.

Kalmar, Kathy. 2008. "Let's Give Children Something to Talk About: Oral Language and Preschool Literacy." *Young Children* 63 (1):88-92.

Keeler, Rusty. 2008. *Natural Playscapes: Creating Outdoor Play Environments for the Soul.* Redmond, WA: Exchange Press.

Korte, Katrina M., Laura Jane Fielden, and Josephine Agnew. 2005. "To Run, Stomp, or Study: Hissing Cockroaches in the Classroom." *Young Children* 60 (2):12-18.

Kostelnik, Marjorie J. 1993. "Recognizing the Essentials of Developmentally Appropriate Practice." *Exchange* (March/April):73-77.

Kostelnik, Marjorie J., Anne K. Soderman, and Alice P. Whiren. 2004. *Developmentally Appropriate Curriculum: Best Practice in Early Childhood Education.* 3rd ed. Upper Saddle River, NJ: Prentice Hall.

Louv, Richard. 2005. *Last Child in the Woods: Saving Our Children from Nature-Deficit Disorder.* New York: Workman Publishing.

McGinnis, Janet. 2002. "Enriching the Outdoor Environment." *Young Children* 57 (3):28-30.

Miles, Lisa Rounds. 2009. "The General Store: Reflections on Children at Play." *Young Children* 64 (4):36-41.

Moomaw, Sally, and Brenda Hieronymus. 1997. *More Than Magnets: Exploring the Wonders of Sciencein Preschool and Kindergarten*. St. Paul, MN: Redleaf Press.

Moore, R. C. 1980. "Generating Relevant Urban Childhood Places: Learning from the 'Yard.'" In *Play in Human Settlements*, edited by P. F. Wilkonson, 45-75. London: Croom Helm.

Muir, John. 1911. *My First Summer in the Sierra*. Boston: Houghton Mifflin.

Myhre, Susan M. 1993. "Enhancing Your Dramatic-Play Area through the Use of Prop Boxes." *Young Children* 48 (5):6-13.

National Environmental Education Foundation. 2011. "Fact Sheet: Children's Health and Nature." Health and Environment Program: Children and Nature Initiative. www.neefusa.org/assets/files/NIFactSheet.pdf.

Odoy, Hilary Ann Donato, and Sarah Hanna Foster. 1997. "Creating Play Crates for the Outdoor Classroom." *Young Children* 52 (6):12-16.

Pica, Rae. 2009. "Can Movement Promote Creativity?" *Young Children* 64 (4): 60-61.

Rettig, Michael. 2005. "Using the Multiple Intelligences to Enhance Instruction for Young Children and Young Children with Disabilities." *Early Childhood Education Journal* 32 (4):255-259.

Rogers, Liz, and Dana Steffan. 2009. "ClayPlay." *Young Children* 60(1):22-27.

Rosenow, Nancy. 2008. "Learning to Love the Earth ... and Each Other." *Young Children* 63 (1):10-14.

Ross, Michael E. 2000. "Science Their Way." *Young Children* 55 (2):6-13.

Russo, Michele, Susan Gallagher Colurciello, and Rebecca Kelly. 2008. "For the Birds! Seeing, Being, and Creating the Bird World." *Young Children* 61 (1):26-30.

Satterlee, Donna, and Grace D. Cormons. 2008. "Sparking Interest in Nature." *Young Children* 63 (1):16-20.

Shore, Rebecca, and Janis Strasser. 2006. "Music for Their Minds." *Young Children* 61 (2):62-67.

Silberg, Jackie. 2004. *The Learning Power of Laughter: Over 300 Playful*

Activities and Ideas That Promote Learning with Young Children. Beltsville, MD: Gryphon House.

Snyder, Susan. 1997. "Developing Musical Intelligence: Why and How." *Early Childhood Education Journal* 24 (3):165-171.

Sobel, David. 1993. *Children's Special Places*. Tucson, AZ: Zephyr Press.

Sobel, David. 1996. *Beyond Ecophobia: Reclaiming the Heart in Nature Education*. Great Barrington, MA:The Orion Society and The Myrin Institute.

Starbuck, Sara, and Marla Olthof. 2008. "Involving Families and Community through Gardening." *Young Children* 63(5):74-79.

Sutterby, John A., and Joe L. Frost. 2002. "Making Playgrounds Fit for Children and Children Fit on Playgrounds." *Young Children* 57 (3):36-41.

Talbot, James, and Joe L. Frost. 1989. "Magical Playscapes." *Childhood Education* 66:11-19.

Tee, Ong Puay. 2004. "Innovative Use of Local Resources for Children's Play: A Case in Malaysia." *Young Children* 59(5):14-18.

Thompson, Sharon. 1994. "What's a Clothesline Doing on the Playground?" *Young Children* 50 (1):70-71.

Torquati, Julia, and Jana Barber. 2005. "Dancing with Trees: Infants and Toddlers in the Garden." *Young Children* 60 (3):40-46.

Tu, Tsunghui. 2006. "Preschool Science Environment: What Is Available in a Preschool Classroom?" *Early Childhood Education Journal* 33 (4):245-251.

Watson, Amy, and Rebecca McCathren. 2009. "Including Children withSpecial Needs: Are Youand Your Early Childhood Program Ready?" *Young Children* 64 (2):20-26.

White, Jan. 2008. *Playing and Learning Outdoors: Making Provision for High-Quality Experiences in the Outdoor Environment*. New York: Routledge.

Wilson, Ruth. 1997. "A Sense of Place." *Early Childhood Education Journal* 24 (3):191-194.

Woyke, Priscilla P. 2004. "Hopping Frogs and Trail Walks: Connecting Young Children and Nature." *Young Children* 59(1):82-85.

Yopp, Hallie Kay, and Ruth Helen Yopp. 2009. "Phonological Awareness Is Child's Play." *Young Children* 64(1):12-21.

Zeece, Pauline Davey. 1999. "Things of Nature and the Nature of Things: Natural Science-Based Literature for Young Children." *Early Childhood Education Journal* 26 (3):161-166.

出 版 人　李　东
责任编辑　徐　杰
版式设计　郝晓红
责任校对　贾静芳
责任印制　叶小峰

图书在版编目（CIP）数据

如何让儿童在自然中学习 / (美) 艾瑞尔·克罗斯著；
柯星如等译 . —北京：教育科学出版社，2022.4（2023.8 重印）
（自然教育译丛）
书名原文：Nature sparks: connecting children's
learning to the natural world
ISBN 978 – 7 – 5191 – 2961 – 3

　Ⅰ . ① 如… 　Ⅱ . ① 艾… ② 柯… 　Ⅲ . ① 儿童教育—研
究　Ⅳ . ① G61

中国版本图书馆 CIP 数据核字（2022）第 044034 号
北京市版权局著作权合同登记 图字：01-2018-5457 号

自然教育译丛
如何让儿童在自然中学习
RUHE RANG ERTONG ZAI ZIRAN ZHONG XUEXI

出 版 发 行	教育科学出版社			
社　　　址	北京·朝阳区安慧北里安园甲 9 号	邮　　编	100101	
总编室电话	010-64981290	编辑部电话	010-64989386	
出版部电话	010-64989487	市场部电话	010-64989572	
传　　　真	010-64989419	网　　址	http://www.esph.com.cn	
经　　　销	各地新华书店			
制　　　作	北京浪波湾图文设计有限公司			
印　　　刷	保定市中画美凯印刷有限公司			
开　　　本	720 毫米 × 1020 毫米　1/16	版　　次	2022 年 4 月第 1 版	
印　　　张	9.25	印　　次	2023 年 8 月第 2 次印刷	
字　　　数	150 千	定　　价	30.00 元